Amsterdam
1663

Spinoza, Baruch, dit Benedictus de

*Renati Des Cartes principiorum
philosophiae pars I. et II.*

1248

9th

RENATI·DES CARTES

PRINCIPIORUM

PHILOSOPHIÆ

Pars I, & II,

More Geometrico demonstratæ

PER

BENEDICTUM de SPINOZA *Amstelodamensem.*

Accesserunt Ejusdem

COGITATA METAPHYSICA,

In quibus difficiliores , quæ tam in parte Metaphysices generali , quàm speciali occurrunt , quæstiones breviter explicantur.

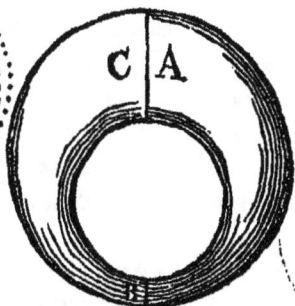

AMSTELODAMI,
Apud JOHANNEM RIEWERTS, *in vico vulgò dicto,* de Dirk
van Assen-steeg, *sub signo Martyrologii.* 1663.

CANDIDO
LECTORI

S. P. D.

LUDOVICUS MEYER.

Athematicorum in Scientiis investigandis, ac tradendis Methodum, quâ nempe ex Definitionibus, Postulatis, atque Axiomatis Conclusiones demonstrantur, optimam esse tutissimamque veritatis indagandæ atque docendæ viam, omnium, qui supra vulgus sapere volunt, unanimis est sententia. Et quidem jure merito. Etenim, cum omnis rei ignotæ certa ac firma cognitio non, nisi ex certò præcognitis, hauriri ac derivari queat, hæc necessariò ab imo præstruenda erunt, tanquam stabile fundamentum, cui postmodum, ne sponte subsidat, aut minimo impetu pessum eat, totum cognitionis humanæ ædificium superimponatur. Istius autem notæ esse, quæ passim Matheseos cultoribus nomine Definitionum, Postulatorum, atque Axiomatum venire solent, nemini dubium esse poterit, qui nobilem istam disciplinam a limine tantùm salutaverit. Definitiones enim nihil aliud sunt, quàm terminorum atque nominum, quibus res tractanda designantur, apertissima explicationes: Postulata autem, & Axiomata, seu communes animi Notiones adeò claræ atque perspicuæ sunt Enunciationes, ut iis omnes, qui ipsa vocabula solummodò rectè intellexerint, assensum negare nequaquam possint.

Verumenimverò, quamvis hæc ita se habeant, nullas tamen, si Mathematicas excipias, ferè disciplinas eâ Methodo conscriptas reperies; sed aliâ toto pænè cælo ab hac diversâ, quâ nempe per Definitiones, & Divisiones, inter se continuò concatenatas, atque hinc inde quæstionibus atque expli-

cationibus

PRÆFATIO

cationibus intermixtas, totum absolvitur negotium. Judicarunt enim fermè omnes, ac etiamnum judicant multi, qui scientiis constituendis, conscribendisque animum adjecerunt, Methodum istam Mathematicis disciplinis esse peculiarem, reliquasque omnes illam respuere, atque aspernari. Unde factum, ut, quacunque in medium adducunt, nullis apodicticis rationibus demonstrent, sed tantùm verisimilitudinibus, probabilibusque argumentis adstruere conentur, magnam eâ ratione magnorum librorum farraginem in lucem protrudentes, in quibus nihil stabilis invenias atque certi; sed omnia contentionis atque dissidii plena, & quod ab uno ratiunculis quibusdam levibus utcunque confirmatum est, mox ab alio confutatum, ac iisdem armis dirutum atque dissectum: adeò ut immotæ veritatis avida mens, ubi tranquillum studii sui stagnum, quod tutò & prospero cursu trajicere, ac quo trajecto tandem optato cognitionis portu potiri posset, invenire putarat, in opinionum impetuoso se fluctuantem videat mari, ac tempestatibus contentionum undique circumcinctam, incertitudinumque fluctibus indesinenter, sine ulla ex iis unquam emergendi spe, jactatam atque abreptam.

Non defuere tamen aliqui, qui ab his seorsim senserunt, atque hanc miseriram Philosophiæ sortem miserati, ab ista communi, & ab omnibus trita scientias tradendi via recesserunt, ac novam eamque sanè arduam multisque difficultatibus scatentem ingressi sunt, ut reliquas, ultra Mathesin, Philosophiæ partes Methodo atque certitudine mathematica demonstratas posteritati relinquerent. Quorum alii jam receptam, & in scholis doceri solitam, alii novam, proprio marte adinventam, istum in ordinem redegerunt Philosophiam, atque orbi literario propinarunt. Et, quamvis diu multisque labor iste irrito successu susceptus fuerit, exortum tamen fuit tandem splendidissimum illud sæculi nostri jubar Renatus Des Cartes, qui postquam in Mathesi quicquid veteribus inaccessum fuerat, quicquid insuper à Coætaneis suis desiderari posset, novâ Methodo è tenebris in lucem protraxerat, Philosophiæ fundamenta inconcussa eruit, quibus plurimas veritates ordine ac certitudine Mathematica superstrui posse, & ipse reverâ demonstravit. & omnibus, qui illius scriptis nunquam satis laudandis animum sedulò applicuerunt, luce Meridiana clarius apparet.

Et quamvis Nobilissimi atque Incomparabilis hujus Viri scripta Philosophica Mathematicam demonstrandi rationem ac ordinem contineant, non

tamen

tamen ista communi, ac in Elementis Euclideis, cæterisque Geometris usitata, quâ nempe præmissis Definitionibus, Postulatis ac Axiomatibus Propositiones earumque Demonstrationes subjunguntur, exarata sunt; sed aliâ multùm ab hac diversâ, quam ipse, & veram optimamque ad docendum viam, & Analyticam vocat. Duplicem enim in fine Respons. ad secund. Objection. apodicticè demonstrandi rationem agnoscit; unam per Analysin, quæ veram viam ostendit, per quam res methodicè, & tanquam à priori inventa est, &c. alteram per Synthesin, quæ utitur longâ definitionum, petitionum, axiomatum, theorematum, & problematum serie, ut si quid ipsi ex consequentibus negetur, id in antecedentibus contineri statim ostendat, sicque à lectore quantumvis repugnante ac pertinaci assensionem extorqueat. &c.

Verumtamen, licet in utraque demonstrandi ratione certitudo, quæ extra omnem dubitationis aleam posita est, reperiatur, non omnibus utraque æquè utilis atque commoda existit. Plurimi enim Mathematicarum scientiarum plane rudes, adeòque Methodi, quâ illæ conscriptæ sunt, Syntheticâ, & quâ inventæ sunt, Analyticâ prorsus ignari, res, quæ his in libris pertractantur, apodicticè demonstratas, nec sibimet ipsis assequi, nec aliis exhibere queunt. Unde factum, ut multi qui aut cæco impetu abrepti, aut aliorum auctoritate ducti, Cartesio nomen dederunt, ejus sententiam, atque dogmata tantummodò memoriæ impresserunt, ac ubi de iis sermo incidit, solùm effutire, multaque de istis garrire, nihil autem demonstrare sciant, quemadmodum olim fuit & adhuc hodie Peripateticæ Philosophiæ addictis solenne est. Quocircà, ut his aliquid subsidii afferretur, sæpenumerò optavi, aliquem tàm Analytici, quàm Synthetici ordinis peritum, ac in scriptis Cartesii apprimè versatum, illiusque Philosophiæ penitùs gnarum, manum operi admovere, &, quæ ille ordine Analytico conscripserat, in Syntheticum redigere, ac more Geometris familiari demonstrare velle. Imò ipse, quamvis meæ tenuitatis abundè conscius, ac tanto operi longè impar sim, id ipsum tamen præstare sæpe in animum meum induxi, quin etiam aggressus fui: sed aliæ, quibus sæpissimè distrahor, mihi illud peragendi viam obseruerunt occupationes.

Gratissimum itaque mihi accidit ex Authore nostro intelligere, se discipulo cuidam suo, dum eum, Cartesii Philosophiam doceret,

Secundam

PRÆFATIO

Secundam Principiorum partem integram, ac partem Tertiæ, more illo
Geometrico demonstratas, nec non præcipuas difficilioresque, quæ in Metaphysicis ventilantur, quæstiones, ac à Cartesio nondum enodatas, dictasse: atque hæc unà, à se correcta, atque aucta ut lucem aspicerent,
amicis id summopere expetentibus atque extorquentibus, concessisse: Unde
etiam ego idem id probavi, simulque operam meam, si ea in edendo egeret, ex
animo obtuli, ac suasi præterea, imo rogavi, ut primam quoque Principiorum
partem simulem redigeret in ordinem, ac his præmitteret, quò ab ovo res hoc
modo disposita, & melius intelligi, & magis placere posset; quod, cum
summa ratione niti videret, & amici precibus, & lectoris utilitati denegare noluit; meisque insuper curis totum tàm impressionis, cum procul ab urbe ruri degat, adeóque illi adesse non possit, quàm editionis negotium commisit.

Hæc igitur sunt, quæ tibi, candide Lector, damus hoc in libello: nempe
Renati Des Cartes primam & secundam Principiorum Philosophiæ partes,
unà cum fragmento tertiæ, quibus nostri Authoris Cogitata Metaphysica,
nomine Appendicis, subjunximus. At verò primam Principiorum partem cùm hic & nos dicimus, & libelli Titulus promittat, id non ita intellectum volumus, ac si omnia, quæ in ea à Cartesio dicta sunt, hic Geometrico ordine demonstrata exhiberentur: sed tantùm denominationem à potiori fuisse desumptam, adeóque præcipua, quæ ad Metaphysicam spectant,
& in Meditationibus suis tractavit Cartesius (cæteris omnibus, quæ sunt
Logicæ considerationis, & tantùm historicè narrantur ac recensentur, prætermissis) inde esse decerpta, quæ etiam quò facilius absolveret Author,
huc verbotenus ferè omnia illa, quæ sub finem Resp. ad secund. Object.
Geometrico ordine disposita habet Cartesius, transtulit; omnes quidem illius
Definitiones præmittendo, ac Propositiones suis inserendo; At Axiomata
non continuò Definitionibus subnectendo; sed post quartam demum Propositionem interponendo, eorumque ordinem, quò facilius demonstrari possent,
immutando, ac quædam, quibus non egebat, omittendo. Et quamvis hæc
Axiomata (ut etiam habet ipse Cartesius postulat. 7.) instar Theorematum
demonstrari, ac etiam concinnius nomine Propositionum venire posse, Authorem nostrum non fugiat, nosque etiam, ut id effectum daret, petierimus,

majora

PRÆFATIO.

majora tamen, quibus est implicitus, negotia ei tantùm duarum, quibus hoc opus absolvere coactus fuit, septimanarum ocium concesserunt, adeòque in causa fuere, quò minùs & suo & nostro desiderio satisfacere potuerit : sed brevem duntaxat subnectens explicationem, quæ demonstrationis vicem subire potest, majorem ac omnibus numeris absolutam in aliud tempus rejecerit ; si forte post hanc distractam impressionem nova adornaretur, ad quam augendam conabimur etiam ab ipso impetrare, ut totam tertiam Partem de Mundo aspectabili (cujus tantùm adjunximus fragmentum, cùm Author hic institutioni finem imposuerit, & nos eo, quantulumcunque sit, lectorem privare noluerimus) absolvat. Atque hoc ut debito modo perficiatur, hinc inde in secundâ Parte quædam de Fluidorum natura & proprietatibus Propositiones interspargendæ erunt, quod ut Author tum exsequatur, pro virili adnitar.

Nec tantum in Axiomatibus proponendis, explicandisque ; sed etiam in ipsis Propositionibus, cæterisque Conclusionibus demonstrandis a Cartesio sapissimè recedit, ac Apodeixi, longè ab illius diversâ, utitur noster Author. Quod sanè nemo ita interpretetur, ac si clarissimum illum Virum in iis corrigere vellet : sed eum in finem tantum factum putet, ut suum jam receptum ordinem melius retinere posset, nec Axiomatum numerum nimiùm augeret. Qua eadem etiam de causâ quamplurima, quæ Cartesius sine ulla demonstratione proposuit, demonstrare, & quæ planè prætermisit, addere coactus fuit.

Animadverti tamen vel imprimis velim in his omnibus, nempe tam in I & 2 Princip. partibus, ac fragmento tertiæ, quàm in Cogitatis suis Metaphysicis Authorem nostrum meras Cartesii sententias, illarumque demonstrationes, prout in illius scriptis reperiuntur ; aut quales ex fundamentis ab illo jactis per legitimam consequentiam deduci debebant, proposuisse. Cum enim discipulum suum Cartesii Philosophiam docere promisisset, religio ipsi fuit, ab ejus sententia latum unguem discedere, aut quid, quod ejus dogmatibus aut non responderet, aut contrarium esset, dictare. Quamobrem judicet nemo, illum hic, aut sua, aut tantum ea, quæ probat, docere. Quamvis enim quædam vera judicet, quædam de suis addita fateatur ; multa tamen occurrunt, quæ tanquam falsa rejicit, & à quibus longè diversam fovet sententiam.

PRÆFATIO.

tiam. Cujus notæ inter alia, ut ex multis unum tantùm in medium affe-
ram, sunt, quæ de voluntate habentur Schol. Prop. 15. part. 1. Principior. & Cap. 12. part. 2. Appendic. *quamvis satis magno molimine at-*
que apparatu probata videantur: Neque enim eam distinctam ab Intellectu,
multò minùs tali prædctam esse libertate existimat. Etenim in his afferen-
dis, ut ex Differtat. de Method. part. 4. & Meditat. 2, *aliisque locis*
liquet, tantùm supponit, non probat Cartesius, *mentem humanam esse substan-*
tiam absolutè cogitantem. Cum contrà Author noster admittat quidem, in
Rerum natura esse substantiam cogitantem: attamen negat illam constituere
essentiam Mentis humanæ, sed statuat, eodem modo, quo Extensio nullis li-
mitibus determinata est, Cogitationem etiam nullis limitibus determinari;
adeòque, quemadmodum Corpus humanum non est absolutè, sed tantùm
certo modo secundùm leges naturæ extensæ per motum & quietem determinata
extensio; sic etiam Mentem sive Animam humanam non esse absolutè, sed
tantùm secundùm leges naturæ cogitantis per ideas certo modo determinatam co-
gitationem; quæ necessariò dari concluditur, ubi corpus humanum existere
incipit. Ex quâ definitione, non difficile demonstratu esse putat, Volun-
tatem ab intellectu non distingui, multò minùs eâ, quam illi Cartesius *ad-*
scribit, pollere libertate; quin imò ipsam affirmandi & negandi facultatem
prorsus fictitiam; τὸ autem affirmare & negare nihil præter ideas esse, cæ-
teras verò facultates, ut Intellectum, Cupiditatem, &c. in numerum
figmentorum, aut saltem illarum notionum reponi debere, quas homines ex
eo, quod res abstractè concipiunt, formaverunt, quales sunt, humanitas,
lapideitas, & id genus aliæ.

Prætereundum etiam hic nequaquam est, in eundem censum venire debe-
re, hoc est, ex Cartesii *mente tantùm dici, quod aliquibus in locis reperi-*
tur, nempe hoc aut illud captum humanum superare. *Neque enim*
hoc ita accipiendum, ac si ex propriâ sententiâ talia proferret noster Author.
Judicat enim ista omnia, ac etiam plura alia magis sublimia, atque subtilia
non tantùm clarè ac distinctè a nobis concipi, sed etiam commodissime expli-
cari posse: si modo humanus Intellectus alia via, quàm quæ a Cartesio *aper-*
ta, atque strata est, in veritatis investigationem, rerumque cognitionem
deducatur: atque adeò scientiarum fundamenta à Cartesio *eruta, & quæ*

PRÆFATIO.

iis ab ipso superædificata sunt, non sufficere ad omnes ac difficillimas, quæ in *Metaphysicis* occurrunt, quæstiones enodandas atque solvendas: sed alia requiri, si ad illud cognitionis fastigium intellectum nostrum cupimus evehere.

Denique (ut præfandi finem faciam) *Lectores* non ignorare volumus, omnes hos tractatus, nullum alium in finem, quàm veritatis indagandæ, atque propagandæ, hominesque ad veræ ac sinceræ *Philosophiæ* studium incitandi gratiâ, evulgari; adeóque omnes, antequam se lectioni accingant, ut ex ea uberem, quem cuique ex animo optamus, fructum capere queant, sedulò monitos, ut omissa quædam suis locis inserant, & menda *Typographica*, quæ irrepserunt, accuratè corrigere velint: talia enim quædam inter ea sunt, quæ obicem ponere possent, quò minùs *Demonstrationis* vis, & *Authoris* mens rectè perciperetur, ut quilibet ex eorum inspectione facile deprehendet.

ERRATA.

Pag. 2. lin. 5. pro *Dignoscere* lege *dignoscere*. pag. 4. lin. penultim. pro *Methodus* lege *Methodi*. pag. 6. lin. 16. pro *poterit*. *Clarasque* lege *poterit*; *clarasque*. pag. 11. lin. 23. pro *existere* lege *esse*. & lin. penultim. & ultim. pro *in dubium revocari posset* lege *omnia in dubium revocari possent*. pag. 15. lin. 5. pro *objectiæ* lege *objectivæ*. pag. 17. quæ in margine habentur, referantur ad hæc verba: *possum enim cogitationem &c*. pag. 24. lin. 21. pro *impossibilem*, lege *absolutè impossibilem*. pag. 25. lin. 9. pro 7 lege 6. & lin. 20. post *possibiliter* adde (*Vide Axiom. 7*.), pag. 31. quæ in margine habentur, referantur ad hæc verba; *& cum omnis deceptio &c*. pag. 28. lin. 5. pro 7 lege 17. pag. 39. lin. 22. pro 10 lege 26. pag. 42. lin. penultim. pro *moti* lege *moto*. pag. 45. lin. 10. pro *si a B versus C* lege *si contrario impulsu*. & lin. 13. pro *motus* lege *medus*. pag. 48. lin. 10. post *essentia* adde (*per corol. propos. 17. part. 1.*) & lin. 13. post *cogitantes* adde (*per prop. 17. part. 1.*) pag. 51. lin. 21. post *spatia*, adde *immediatè sequentia*. pag. 54. lin. 22. pro A lege H. pag. 62. lin. ult. pro *moveari* lege *moveri*. pag. 66. lin. 7 pro *determinabit* lege *continuo determinabit*. pag. 67. lin. 21. pro *moveri* lege *in directum moveri*. pag. 68. lin. 1. & pag. 72. lin. 4. & pag. 79. lin. 20. post *partem* adde *non vero versus ullam aliam*. pag. 73. lin. 14. pro 4. lege 3. & lin. 31. pro *corol. prop.* lege *corol. 1. prop*. pag. 74. lin. 23. & 24. dele *& quietis*. pag. 80. lin. 13. pro 29. lege 20. pag. 87. lin. 15. pro *sic* lege *sit*. pag. 93. lin. antepenult. pro 4. lege 15. pag. 94. in margine pro *negationis* lege *Entia rationis*. pag. 66. lin. 16. pro, *Ei* lege *Si*.

* *

Ad

Ad Librum.

INgenio feu te natum meliore vocemus,
    Seu de Cartefii fonte renatus eas,
Parve Liber , quidquid pandas , id folus habere
    Dignus, ab exemplo laus tibi nulla venit.
Sive tuum fpectem genium, feu dogmata, cogor
    Laudibus Authorem tollere ad aftra tuum.
Hactenus exemplo caruit, quod præftitit; at tu
    Exemplo haud careas , obfecro parve Liber;
Spinozæ at quantum debet Cartefius uni,
    Spinoza ut tantum debeat ipfe fibi.

1. B. M. D.

I N-

INDEX

Propositionum, Lemmatum, & Corollariorum,

Quæ in 1. 2. & 3. Principiorum Philosophiæ partibus continentur.

PARS I.

** 2 Cor.

INDEX.

INDEX
Capitum & Materierum,

In 1 & 2 Parte Appendicis contentarum.

PARS I.

INDEX.

Cap.

INDEX.

PRIN-

PRINCIPIA
PHILOSOPHIÆ
MORE GEOMETRICO
DEMONSTRATA.

PARS I.

PROLEGOMENON.

Ntequam ad ipfas Propofitiones , earumque
Demonftrationes accedamus, vifum fuit in an-
teceffum fuccinctè ob oculos ponere , cur Cartefius de omnibus dubitaverit, quâ viâ folida
fcientiarum fundamenta eruerit , ac tandem
quibus mediis fe ab omnibus dubiis liberaverit: quæ omnia
quidem in ordinem Mathematicum redegiffemus , nifi pro-
lixitatem, quæ ad id prçftandum requireretur, impedire ju-
dicaviffemus, quò minùs hçc omnia , quç uno obtutu , tanquam in picturâ, videri debent, debitè intelligerentur.

Cartefius itaque , ut quàm cautiffimè procederet in rerum
inveftigatione, conatus fuit

1°. Omnia prçjudicia deponere,

2°. Fundamenta invenire, quibus omnia fuperftruenda
effent ,

3°. Caufam erroris detegere ,

4°. Omnia clarè & diftinctè intelligere.

Ut verò primum, fecundum, ac tertium affequi poffet ,
omnia in dubium revocare aggreditur, non quidem ut Sce-
pticus, qui fibi nullum alium præfigit finem, quàm dubitare: Sed ut animum ab omnibus præjudiciis liberaret, quò
tandem firma, atque inconcuffa fcientiarum fundamenta,
quæ hoc modo ipfum, fiquæ effent, effugere non poffent,
inveniret.   Vera enim fcientiarum principia adeò clara, ac

A   certa

certa eſſe debent, ut nullâ indigeant probatione, extra omnem dubitationis aleam ſint poſita, & ſine ipſis nihil de-
monſtrari poſſit. Atque hæc, poſt longam dubitationem
ireperit. Poſtquam autem hæc principia inveniſſet, non ipſi difficile fuit, verum à falſo diſgnoſcere, ac cauſam erroris
detegere; atque adeò ſibi cavere, ne aliquid falſum & dubium pro vero, ac certo aſſumeret.

Ut autem quartum, & ultimum ſibi compararet, hoc eſt,
omnia clarè, & diſtinctè intelligeret, præcipua ejus regula
fuit, omnes ſimplices ideas, ex quibus reliquæ omnes componuntur, enumerare, ac quamlibet ſigillatim examinare.
Ubi enim ſimplices ideas clarè, & diſtinctè percipere poſſet,
ſine dubio etiam omnes reliquas, ex ſimplicibus illis conflà-
tas, eâdem claritate, & diſtinctione intelligeret. His ita
prælibatis, breviter explicabimus, quomodo omnia in dubium revocaverit, vera Scientiarum principia invenerit,
ac ſe ex dubitationum difficultatibus extricaverit.

Dubitatio de omnibus. Primò itaque ſibi ob oculos ponit omnia illa, quæ à ſenſibus acceperat, nempe cœlum, terram, & ſimilia, atque
etiam ſuum corpus: quæ omnia eouſque in rerum naturâ eſſe putaverat. Ac de horum certitudine dubitat, quia ſenſus ipſum interdum fefelliſſe deprehenderat, & in ſomnis ſibi ſæpe perſuaſerat, multa extra ſe verè exiſtere, in quibus
poſtea, ſe deluſum eſſe compererat; ac denique quia alios
etiam vigilantes aſſerere audierat, ſe in membris, quibus
dudum caruerant, dolorem ſentire. Quare non ſine ratione etiam de ſui corporis exiſtentiâ dubitare potuit. Atque
ex his omnibus verè concludere potuit, ſenſus non eſſe fir-
miſſimum fundamentum, cui omnis ſcientia ſuperſtruenda
ſit; poſſunt enim in dubium revocari: Sed certitudinem ab
aliis principiis nobis certioribus dependere. Ut autem porro talia inveſtiget, ſecundò ſibi ob oculos ponit omnia uni-
verſalia, qualia ſunt natura corporea in communi, ejuſque
extenſio, item figura, quantitas &c. ut etiam omnes ma-
thema-

thematicæ veritates. Et quamvis hæc ipfi certiora viderentur, quàm omnia, quæ à fenfibus hauferat, rationem tamen de iis dubitandi invenit; quoniam alii etiam circa ea errârant, & præcipuè, quoniam infixa quædam erat ejus menti vetus opinio, Deum effe, qui poteft omnia, & a quo talis, qualis exiftit, creatus eft: quique adeò forfan fecerat, ut etiam circa illa, quæ ipfi clariffima videbantur, deciperetur. Atque hic eft modus, quo omnia in dubium revocavit.

Ut autem vera fcientiarum principia inveniret: inquifivit poftea, num omnia, quæ fub ejus cogitationem cadere poffent, in dubium revocârat, ut fic explorarer, an non fortè quid reliquum effet, de quo nondum dubitaverat. Quod fi verò quid fic dubitando, inveniret, quod nulla ex præcedentibus, nec etiam ullâ aliâ ratione, in dubium revocari poffet: id fibi, tanquam fundamentum, cui omnem fuam cognitionem fuperftruat, ftatuendum effe, meritò judicavit. Et quamquam jam, ut videbatur, de omnibus dubitârat; nam æquè de iis, quæ per fenfus hauferat, quàm de iis, quæ folo intellectu perceperat dubitaverat: aliquid tamen, quod explorandum effet, reliquum fuit, ille nimirum ipfe, qui fic dubitabat, non quatenus capite, manibus, reliquífque corporis membris conftabat, quoniam de his dubitaverat; Sed tantum quatenus dubitabat, cogitabat, &c. Atque, hoc accuratè examinans, comperit, fe nullis prædictis rationibus de eo dubitare poffe. Nam, quamvis fomnians, aut vigilans cogitet, cogitat tamen atque eft: & quamvis alii, aut etiam ille ipfe circa alia erraviffent, nihilominus, quoniam errabant, erant: Nec ullum fuæ naturæ autorem adeo callidum fingere poteft, qui eum circa hoc decipiat; concedendum enim erit ipfum exiftere, quamdiu fupponitur decipi. Nec denique quæcumque alia excogitetur dubitandi caufa, ulla talis adferri poterit, quæ ipfum fimul de ejus exiftentiâ non certiffimum reddat. Imò, quò plures adferuntur dubitandi rationes, eò plura fimul adferuntur argumenta, quæ illum de fuâ exiftentiâ convincunt. Adeò ut, quocumque fe

Inventio fundamenti omnis fcientiæ.

ad dubitandum vertat, cogitur nihilominus in has voces erumpere, *dubito, cogito, ergo sum.*

Hâc igitur detectâ veritate, simul etiam invenit omnium scientiarum fundamentum: ac etiam omnium aliarum veritatum, mensuram, ac regulam; scilicet, *Quicquid tàm clarè ac distinctè percipitur, quàm istud, verum est.*

Nullum verò aliud, quàm hoc scientiarum fundamentum esse posse, satis superque liquet ex præcedentibus: quoniam, reliqua omnia facill.mo negotio à nobis in dubium revocari possunt; hoc autem nequaquam. Verumenimverò circa hoc fundamentum hìc apprimè notandum, hanc orationem, *dubito, cogito, ergo sum,* non esse syllogismum, in quo major propositio est omissa. Nam si syllogismus esset, præmissæ clariores, & notiores deberent esse, quàm ipsa conclusio, *ergo sum:* adeóque *ego sum* non esset primum omnis cognitionis fundamentum; præterquam quòd non esset certa conclusio: nam ejus veritas dependeret ab universalibus præmissis, quas dudum in dubium Autor revocaverat: ideoque *Cogito, ergo sum,* unica est propositio, quæ huic, *ego sum cogitans,* æquivalet.

Sciendum porrò, ut confusionem in sequentibus vitemus; (clarè enim, ac distinctè res percipienda est) quid simus. Nam hoc clarè, & distinctè intellecto, nostram essentiam cum aliis non confundemus. Ut igitur id ex præcedentibus deducat, sic pergit noster Autor.

Omnes, quas olim de se habuit, cogitationes in memoriam revocat, ut animam suam esse exiguum quid instar venti, vel ignis, vel ætheris, crassioribus sui corporis partibus infusum, & corpus sibi notius esse, quam animam, illudque a se clariùs ac distinctiùs percipi. Atque hæc omnia clarè pugnare cum iis deprehendit, quæ hucusque intellexerat. Nam de suo corpore dubitare poterat, non autem de suâ essentiâ quatenus cogitabat. Adde, quòd hæc neque clarè, neque distinctè percipiebat, ac consequenter, ex suæ methodus præscripto, tanquam falsa rejicere debebat. Unde, cùm talia ad se, quatenus hucus-

que

que fibi cognitus erat, pertinere intelligere non poffet, pergit ulterius inquirere, quid ad fuam effentiam propriè pertineat; quod in dubium revocare non potuerat, & ob quod fuam exi- ftentiam concludere cogebatur ▪ talia autem funt, *quod fibi ca- vere voluerit, ne deciperetur ; multa cupiverit intelligere ; de omni- bus, quæ intelligere non poterat, dubitârit ; unum tantùm hucufque affirmârit ; omnia reliqua negârit, & tanquam falfa rejecerit , mul- taque etiam invitus imaginatus fuerit ; ac denique multa, tanquam à fenfibus venientia, animadverterit.* Cùmque ex fingulis his æquè evidenter fuam exiftentiam colligere, nec ullum horum inter ea, quæ in dubium revocaverat, recenfere potuerit, ac denique omnia hæc fub eodem attributo concipi poffint : fequitur om- nia hæc vera effe, & ad ejus naturam pertinere. Atque adeò ubi dixerat, *cogito*, omnes hi cogitandi modi intelligebantur, nempe *dubitare, intelligere, affirmare, negare, velle, nolle, imagina- ri & fentire.*

Apprimè autem hic notandum venit, quod magnum ufum in fequentibus, ubi de diftin&tione mentis à corpore agetur, habebit ; nempe 1°. Hos cogitandi modos clarè ac diftin&tè fine reliquis, de quibus adhuc dubitatur, intelligi. 2°. Eo- rum clarum, & diftin&tum, quem habemus conceptum, obfcu- rum, atque confufum reddi ; fi iis aliqua, de quibus adhuc du- bitamus, adfcribere vellemus.

Ut denique de iis, quæ in dubium revocaverat, certus red- deretur, omneque dubium tolleret, pergit inquirere in natu- ram Entis perfe&tiffimi, & an tale exiftat. Nam, ubi Ens perfe- &tiffimum exiftere deprehendet, cujus vi omnia producuntur, & confervantur, cujufq; naturæ repugnat, ut fit deceptor : tum illa ratio dubitandi tolletur, quam ex eo, quòd fuam caufam ignorabat, habuit. Sciet enim facultatem veri à falfo digno- fcendi a Deo fümmè bono & veraci ipfi non fuiffe datam, ut deciperetur. Adeòque Mathematicæ veritates, feu omnia, quæ ipfi evidentiffima effe videntur, minimè fufpe&ta effe poterunt. Progreditur deinde, ut cæteras caufas dubitandi tollat, inqui-

Liberatio ab omnibus dubiis.

ritque,

ritque, undenam fiat, quòd aliquando erremus? quod, ubi invenit ex eo oriri, quod liberâ noſtrâ voluntate utamur ad aſ-
ſentiendum etiam iis, quæ tantùm confuſè percepimus : ſtatim concludere potuit, ſe in poſterum ab errore cavere poſſe,
modò non niſi clarè & diſtinctè perceptis aſſenſum præbeat:
quod unuſquiſque à ſe facile impetrare poteſt, quoniam poteſtatem habet cohibendæ voluntatis, ac proinde efficiendi, ut
intra limites intellectus contineatur. Verùm, quia in prima
ætate multa hauſimus præjudicia, à quibus non facilè libera-
mur, pergit porro, ut ab iis liberemur, & nihil, niſi quod clarè & diſtinctè percipimus, amplectamur, ſimplices omnes notiones & ideas, ex quibus omnes noſtræ cogitationes componuntur, enumerare, eaſque ſingulatim examinare; ut quicquid in unâquâque clarum, quid obſcuram eſt, animadvertere poſſit; ſic enim facilè clarum ab obſcuro diſtinguere poterit. Claraſque ac diſtinctas cogitationes efformare; Adeoque facilè realem diſtinctionem inter animam & corpus invenire : & quid in iis, quæ à ſenſibus hauſimus clarum, quid
obſcurum ſit; & denique in quo ſomnium à vigiliis differat:
Quo facto neque de ſuis vigiliis dubitare, neque à ſenſibus falli amplius potuit; Ac ſic ſe ab omnibus dubitationibus ſuprà re-
cenſitis liberavit.

Verùm, antequam hic finem faciam, iis ſatisfaciendum videtur, qui ſic argumentantur. Cum Deum exiſtere nobis per ſe
non innoteſcat, de nullâ re videmur poſſe unquam eſſe certi :
nec Deum exiſtere unquam nobis innoteſcere poterit. Nam ex
incertis præmiſſis (omnia enim incerta eſſe diximus, quamdiu
noſtram originem ignoramus) nihil certi concludi poteſt.

Hanc difficultatem ut amoveat Carteſius, reſpondet hoc pacto. Ex eo, quòd nondum ſciamus, an fortè originis noſtræ autor nos tales creaverit, ut fallamur, etiam in iis, quæ nobis vel
evidentiſſima apparent, dubitare nequaquam poſſumus de iis,
quæ clarè & diſtinctè per ſe, vel per ratiocinationem, quamdiu nempe ad illam attendimus, intelligimus: ſed tantùm de
iis,

iis, quæ ante hac demonstravimus vera esse, quorum memoria potest recurrere, cum non amplius attendimus ad rationes, ex quibus ea deduximus, quarumque adeò sumus obliti. Quapropter quamvis, Deum existere, non per se, sed tantùm per aliud innotescere possit, poterimus tamen ad certam Dei existentiæ cognitionem pervenire, dummodo ad omnes, ex quibus illam concludimus, præmissas accuratissimè attendamus. Vide Princip. part. 1. artic. 13. & Resp. ad secund. object. num. 3. & in fin. meditat. 5.

Verùm, quoniam hæc responsio quibusdam non satisfacit, aliam dabo. Vidimus in præcedentibus, ubi de nostræ existentiæ certitudine atque evidentiâ loquebamur, nos illam ex eo conclusisse, quòd, quocunque mentis aciem convertebamus, nullam dubitandi rationem offendebamus, quæ eo ipso nos de nostri existentia non convinceret, sive ubi ad nostram propriam naturam attendebamus, sive ubi nostræ naturæ autorem callidum deceptorem fingebamus, sive denique aliam quamcunque, extra nos, dubitandi rationem accersebamus: quod circa nullam aliam rem hucusque contingere deprehendimus. Nam, quamvis ad naturam ex. gr. Trianguli attendentes, cogimur concludere ejus tres angulos esse æquales duobus rectis, non tamen idem possumus concludere ex eo, quòd forte à naturæ nostræ autore decipiamur: quemadmodum ex hoc ipso nostram existentiam certissimè colligebamus. Quapropter non, quocunque mentis aciem convertimus, cogimur concludere, Trianguli tres angulos esse æquales duobus rectis; sed contrà causam dubitandi invenimus, quia nempe nullam talem Dei ideam habemus, quæ nos ita afficiat, ut nobis impossibile sit cogitare, Deum esse deceptorem. Nam æquè facile est ei, qui veram Dei ideam non habet, quam nos non habere jam supponimus, cogitare suum autorem esse deceptorem; quam non esse deceptorem : quemadmodum ille, qui nullam habet Trianguli ideam æquè facile est cogitare, ejus tres angulos æquales esse, quam non esse æquales duobus rectis.

rectis. Quare concedimus, nos de nullâ re, præter noſtram
exiſtentiam, quamvis ad illius demonſtrationem probè attendamus, poſſe eſſe abſolutè certos, quamdiu nullum Dei clarum
& diſtinctum conceptum habemus, qui nos affirmare faciat,
Deum eſſe ſummè veracem, ſicuti idea, quam Trianguli habemus, nos cogit concludere, ejus tres angulos eſſe æquales
duobus rectis; ſed negamus, nos ideò in nullius rei cognitionem pervenire poſſe. Nam, ut ex omnibus jamjam dictis patet, cardo totius rei in hoc ſolo verſatur, nempe ut talem Dei
conceptum efformare poſſimus, qui nos ita diſponat, ut nobis
non æquè facile ſit cogitare, eum eſſe, quam non eſſe deceptorem; ſed qui nos cogat affirmare, eum eſſe ſummè veracem.
Ubi enim talem ideam efformaverimus, illa de Mathematicis
veritatibus dubitandi ratio tolletur. Nam, quocunque tum
mentis aciem convertemus, ut de iſtarum aliquâ dubitemus,
nihil offendemus, ex quo ipſo, quemadmodum circa noſtram
exiſtentiam contigit, non concludere debeamus, illam eſſe cer-
tiſſimam. Ex. grat. ſi poſt Dei ideam inventam, ad naturam
Trianguli attendamus, hujus idea nos coget affirmare, ejus tres
angulos eſſe æquales duobus rectis: ſin ad ideam Dei, hæc
etiam nos affirmare coget, eum ſummè veracem, noſtræque naturæ eſſe autorem, & continuum conſervatorem, atque adeò
nos circa iſtam veritatem non decipere. Nec minus impoſſibile nobis erit cogitare, ubi ad Dei ideam, (quam nos inveniſſe
jam ſupponimus) attendimus, eum eſſe deceptorem, quàm
ubi ad ideam Trianguli attendimus cogitare, tres ejus angulos
non eſſe æquales duobus rectis. Et, uti poſſumus talem Trianguli ideam formare, quamvis neſciamus, an autor noſtræ naturæ nos decipiat; ſic etiam poſſumus ideam Dei nobis claram
reddere, atque ob oculos ponere, quamvis etiam dubitemus,
an noſtræ naturæ autor nos in omnibus decipiat. Et modò illam habeamus, quomodocunque eam acquiſiverimus, ſufficiet, ut jamjam oſtenſum eſt, ad omne dubium tollendum.
His itaque præmiſſis ad difficultatem motam reſpondeo; nos
de

de nullâ re poffe effe certos, non quidem, quamdiu Dei exiftentiam ignoramus (nam de hac re non locutus fum) fed quamdiu
ejus claram, & diftinctam ideam non habemus. Quare fi quis
contra me argumentari velit, tale debebit effe argumentum.
De nullâ re poffumus effe certi, antequam Dei claram & diftinctam ideam habeamus: Atqui claram & diftinctam Dei
ideam habere non poffumus, quamdiu nefcimus, an noftræ
naturæ autor nos decipiat: Ergo de nullâ re poffumus effe
certi, quamdiu nefcimus, an noftræ naturæ autor nos decipiat &c. Ad quod refpondeo, concedendo majorem, & ne-
gando minorem: Habemus enim claram & diftinctam ideam
Trianguli, quamvis nefciamus, an noftræ naturæ autor nos
decipiat; & modo talem Dei ideam, ut modo fusè oftendi,
habeamus, nec de ejus exiftentiâ, nec de ullâ veritate Ma-
thematicâ dubitare poterimus.

Hæc præfati, rem ipfam nunc aggredimur.

DEFINITIONES.

I. *C*Ogitationis nomine complector omne id, quod in
nobis eft, & cujus immediatè confcii fumus.

Ita omnes voluntatis, intellectus, imaginationis, & fenfuum
operationes funt cogitationes. Sed addidi immediatè *ad excluden-*
da ea, quæ ex iis confequuntur, ut motus voluntarius cogitationem
quidem pro principio habet, fed ipfe tamen non eft cogitatio.

I I. Ideæ nomine intelligo cujuslibet cogitationis formam
illam, per cujus immediatam perceptionem ipfius ejufdem
cogitationis confcius fum.

Adeò ut nihil poffim verbis exprimere, intelligendo id, quod
dico, quin ex hoc ipfo certum fit in me effe ideam ejus, quod verbis
illis fignificatur. Atque ita non folas imagines in phantafia depictas
ideas voco: imò ipfas hic nullo modo voco ideas, quatenus funt in
phantafia corporea, hoc eft, in parte aliqua cerebri depictæ, fed tantùm
quatenus mentem ipfam in illam cerebri partem converfam informant.

B   III. *Per*

III. *Per realitatem objectivam ideæ* intelligo entitatem rei repræsentatæ per ideam, quatenus est in ideâ.

Eodemque modo dici potest perfectio objectiva, vel artificium objectivum &c. Nam quæcumque percipimus, tanquam in idearum objectis, ea sunt in ipsis ideis objectivè.

IV. Eadem dicuntur esse *formaliter* in idearum objectis, quando talia sunt in ipsis, qualia illa percipimus: Et *eminenter*, quando non quidem talia sunt, sed tanta, ut talium vicem supplere possint.

Nota, cum dico causam eminenter *perfectiones sui effectus continere, tum me significare velle, quòd causa perfectiones effectus excellentius, quàm ipse effectus continet.* Vide etiam Axiom. 8.

V. Omnis res, cui inest immediatè, ut in subjecto, sive per quam existit aliquid, quod percipimus, hoc est, aliqua proprietas, sive qualitas, sive attributum, cujus realis idea in nobis est, vocatur *Substantia.*

Neque enim ipsius substantiæ, præcisè sumptæ, aliam habemus ideam, quàm quòd sit res, in qua formaliter vel eminenter existit illud aliquid, quod percipimus, sive quod est objectivè in aliqua ex nostris ideis.

VI. Substantia, cui inest immediatè cogitatio, vocatur *Mens.*

Loquor autem hic de mente potius, quàm de animâ, quoniam animæ nomen est æquivocum, & sæpe pro re corporeâ usurpatur.

VII. Substantia, quæ est subjectum immediatum extensionis, & accidentium, quæ extensionem præsupponunt, ut figuræ, situs, motús localis &c. vocatur *Corpus.*

An verò una & eadem substantia sit, quæ vocatur mens, & corpus, an duæ diversæ, postea erit inquirendum.

VIII. Substantia, quam per se summè perfectam esse intelligimus, & in quâ nihil planè concipimus, quod aliquem defectum sive perfectionis limitationem involvat, *Deus* vocatur.

IX. Cum quid dicimus in alicujus rei naturâ sive conceptu contineri, idem est, ac si diceremus, id de eâ re verum esse, sive de ipsa posse verè affirmari.

X. Duæ

X. Duæ fubftantiæ realiter diftingui dicuntur, cum unaquæque ex ipfis abfque alia poteft exiftere.

*Cartefii poftulata hic omifimus, quia ex iis nihil in fequentibus
concludimus; attamen lectores ferio rogamus, ut ipfa perlegant atque attenta meditatione confiderent.*

AXIOMATA.

I. IN cognitionem & certitudinem rei ignotæ non per-
venimus, nifi per cognitionem & certitudinem alterius, quæ ipfa prior eft certitudine & cognitione.

II. Dantur rationes, quæ nos de noftri corporis exiftentia
dubitare faciunt.

*Hoc re ipfa in Prolegomeno oftenfum eft, ideoque tanquam axio-
ma hic ponitur.*

III. Siquid præter mentem, & corpus habemus, id nobis minùs, quam mens & corpus, notum eft.

*Notandum, hæc axiomata nihil de rebus extra nos affirmare; fed
tantum ea, quæ in nobis, quatenus fumus res cogitantes, reperimus.*

PROPOSITIO I.

*De nulla re poffumus abfolute effe certi, quamdiu nefci-
mus nos exiftere.*

DEMONSTRATIO.

PRopofitio hæc per fe patet: Nam qui abfolutè nefcit fe
exiftere, fimul nefcit fe effe affirmantem, aut negantem,
hoc eft, certò fe affirmare, aut negare.

*Notandum autem hic, quòd, quamvis multa magna certitudine
affirmemus, & negemus, ad hoc, quòd exiftamus, non attendentes; tamen, nifi pro indubitato hoc præfupponatur, in dubium revocari poffet.*

B 2　　　　　　PRO-

PROPOSITIO II.

Ego fum *debet effe per fe notum.*

DEMONSTRATIO.

SI negas, non ergo innotefcet, nifi per aliud, cujus quidem (per ax. 1.) cognitio, & certitudo prior erit in nobis hoc enunciato, *ego fum.* Atqui hoc eft abfurdum (per præc.); ergo per fe debet effe notum, q. e. d.

PROPOSITIO III.

Ego, *quatenus res conftans corpore*, fum, *non eft primum, nec per fe cognitum.*

DEMONSTRATIO.

QUædam funt, quæ nos de exiftentia noftri corporis dubitare faciunt (per ax. 2.); ergo (per ax. 1.) in ejus certitudinem non perveniemus, nifi per cognitionem & certitudinem alterius rei; quæ ipfa prior eft cognitione, & certitudine. Ergo hæc enunciatio, *ego*, quatenus res conftans corpore, *fum* non eft primum, nec per fe cognitum, q. e. d.

PROPOSITIO IV.

Ego fum *non poteft effe primum cognitum, nifi quatenus cogitamus.*

DEMONSTRATIO.

HOc enunciatum, *ego fum res corporea aut conftans corpore* non eft primum cognitum (per præc.); nec etiam de mea exiftentia, quatenus confto alia rê præter mentem, &
cor-

corpus, sum certus: nam si aliqua alia re à mente, & corpore
diversa constamus, ea nobis minus nota est, quam corpus
(per ax. 3.): quare *ego sum* non potest esse primum cognitum,
nisi quatenus cogitamus. q. er. d.

COROLLARIUM.

Hinc patet mentem sive rem cogitantem notiorem esse
corpore.
*Verum ad uberiorem explicationem legantur Art. 11. & 12.
Part. I. Principiorum.*

SCHOLIUM.

UNusquisque certissimè percipit, quòd affirmat, negat, dubitat, intelligit, imaginatur &c. Sive, quòd existit dubi-
tans, intelligens, affirmans, &c. Sive uno verbo, *Cogitans*: neque potest hæc in dubium revocare. Quare hoc enunciatum
Cogito, sive *sum Cogitans* unicum (per prop. 1.) & certissimum
est fundamentum totius Philosophiæ. Et cùm in scientiis nihil aliud quæri, neque desiderari possit, ut de rebus certissimi simus, quàm omnia ex firmissimis principiis deducere, eaque æ-
què clara & distincta reddere, ac principia, ex quibus deducun-
tur: clarè sequitur, omne, quod nobis æque evidens est, quodque æquè clare & distinctè, atque nostrum jam inventum principium percipimus, omneque, quod cum hoc principio ita
convenit, & ab hoc principio ita dependet, ut si de eo dubitare velimus, etiam de hoc principio esset dubitandum, pro
verissimo habendum esse. Verùm, ut in iis recensendis quàm
cautissimè procedam, ea tantum pro æquè evidentibus, pro-
que æquè clarè & distinctè à nobis perceptis in initio admit-
tam, quæ unusquisque in se, quatenus cogitans, observat.
Ut ex. grat. se hoc, & illud velle, se certas tales habere ideas,
unamque ideam plus realitatis, & perfectionis in se continere,
quàm aliam; illam scilicet, quæ objectivè continet esse, &
perfectionem substantiæ, longè perfectiorem esse, quàm illam,
B 3   quæ

quæ tantùm objectivam perfectionem alicujus accidentis continet; illam denique omnium esse perfectissimam, quæ est entis summè perfecti. Hçc inquam non tantum æque evidenter, & æque clarè, sed fortè etiam magis distinctè percipimus. Nam non tantùm affirmant nos cogitare; sed etiam quemodo cògitemus. Porro etiam illa cum hoc principio convenire dicemus, quæ non possunt in dubium revocari, nisi simul hoc nostrum inconcussum fundamentum in dubium revocetur. Ut ex. grat. Si quis dubitare velit, an ex nihilo aliquid fiat: simul poterit dubitare, an nos quamdiu cogitamus, simus. Nam si de nihilo aliquid affirmare possum: nempe quòd potest esse causa alicujus rei: potero simul eòdem jure cogitationem de nihilo affirmare, ac dicere me nihil esse, quamdiu cogito. Quod cùm mihi impossibile sit, impossibile etiam mihi erit cogitare, quod ex nihilo aliquid fiat. His sic consideratis, ea, quæ nobis impræsentiarum, ut ulterius pergere possimus, necessaria videntur, hic ordine ob oculos ponere constitui, numeroque Axiomatum addere; quandoquidem à Cartesio, in fine Responsionum ad secundas Objectiones, tanquam axiomata proponuntur, & accuratior, quam ipse, esse nolo. Attamen, ne ab ordine jam incepto recedam, ea utcumque clariora reddere, & quomodo unum ab alio, & omnia ab hoc principio, *ego sum cogitans*, dependent, vel cum ipso evidentiâ, & ratione conveniunt, ostendere conabor.

AXIOMATA

Ex Cartesio deprompta.

I V. Sunt diversi gradus realitatis, sive entitatis: nam substantia plus habet realitatis, quàm accidens, vel modus; & substantia infinita, quàm finita; ideòque plus est realitatis objectivæ in ideâ substantiæ, quàm accidentis; & in ideâ substantiæ infinitæ, quam in ideâ finitæ.

Hoc axioma ex sola contemplatione nostrarum idearum, de quarum

exi-

exiſtentia certi ſumus , quia nempe modi ſunt cogitandi , innoteſcit: ſcimus enim quantum realitatis , ſive perfectionis idea ſubſtantiæ de ſubſtantia affirmat ; quantum verò idea modi de modo. Quod cum ita ſit , neceſſariò etiam comperimus ideam ſubſtantiæ plus realitatis objecti æ continere,quàm ideam alicujus accidentis &c. Vide Scholium Propoſit.4.

V. Res cogitans, ſi aliquas perfectiones novit, quibus careat, ſibi ſtatim ipſas dabit, ſi ſint in ſuâ poteſtate.

Hoc unuſquiſque in ſe , quatenus eſt res cogitans , obſervat : quare (per Schol. Prop.4.) de ipſo certiſſimi ſumus ; & eadem de cauſa non minùs certi ſumus de ſequenti , nempe

VI. In omnis rei ideâ, ſive conceptu continetur exiſtentia, vel poſſibilis, vel neceſſaria (Vide Axiom.10. Carteſii): *Neceſſaria in Dei , ſive entis ſummè perfecti conceptu ; nam alias conciperetur imperfectum , contra quod ſupponitur concipi : Contingens verò ſive poſsibilis in conceptu rei limitatæ.*

VII. Nulla res, neque ulla rei perfectio actu exiſtens poteſt habere nihil, ſive rem non exiſtentem pro cauſâ ſuæ exiſtentiæ.

Hoc axioma nobis æquè perſpicuum eſſe,ac eſt, ego ſum cogitans, *in Scholio Propoſit.4. demonſtravi.*

VIII. Quicquid eſt realitatis, ſive perfectionis in aliquâ re, eſt formaliter, vel eminenter in primâ, & adæquatâ ejus cauſâ.

Per eminenter *intelligo, cum cauſa perfectius continet omnem realitatem effectus, quàm effectus ipſe : per* formaliter *verò, cum æquè perfectè illam continet.*

Hoc axioma à præcedenti dependet : nam , ſi ſupponeretur nihil, vel minùs eſſe in cauſa, quàm in effectu; nihil in cauſa eſſet cauſa effectus. At hoc eſt abſurdum (per præc.): quare non quacunque res poteſt eſſe cauſa alicujus effectus ; ſed præcisè illa , in qua eminenter , vel ad minimum formaliter eſt omnis perfectio, quæ eſt in effectu.

IX. Realitas objectiva noſtrarum idearum requirit cauſam,
in qua

in qua eadem ipsa realitas, non tantùm objectivè, sed formaliter, vel eminenter contineatur.

Hoc axioma apud omnes, quamvis multi eo abusi sunt, in confesso est. Ubi enim aliquis aliquid novi concepit, nullus est, qui non quærat causam illius conceptus, sive ideæ. Ubi verò aliquam assignare possunt, in quâ formaliter vel eminenter tantum realitatis contineatur, quantum est objectivè in illo conceptu, quiescunt. Quod exemplo machinæ Art. 17. Part. I. Princ. à Cartesio allato satis explicatur. Sic etiam si quis quærat, undenam homo ideas suæ cogitationis & corporis habeat; nemo non videt illum eas ex se, formaliter nimirum continente omne, quod ideæ objectivè continent, habere. Quare si homo aliquam haberet ideam, quæ plus realitatis objectivæ contineret, quàm ipse formalis; necessariò, lumine naturali impulsi, aliam causam extra hominem ipsum, quæ omnem illam perfectionem formaliter vel eminenter contineret, quæreremus. Nec ullus unquam aliam præter hanc causam assignavit, quam æquè clarè, & distinctè conceperit. Porro quòd ad veritatem hujus axiomatis attinet, ea à præcedentibus pendet. Nempe (per 4. ax.) dantur diversi gradus realitatis sive entitatis in ideis: ac proinde (per 8. ax.) pro gradu perfectionis,

De hoc etiam certi sumus, quia ut in nobis quatenus cogitantes comperimus. Vide præc. Schol.

perfectiorem causam requirunt. Verùm cùm gradus realitatis, quos in ideis advertimus, non sint in ideis, quatenus tanquam modi cogitandi considerantur; sed quatenus una substantiam, alia modum tantùm substantiæ repræsentat, seu uno verbo, quatenus ut imagines rerum considerantur: hinc clarè sequitur idearum nullam aliam primam causam posse dari, præter illam, quam omnes lumine naturali clarè & destinctè intelligere, modò ostendebamus, nempe in quâ eadem ipsa realitas, quam habent objectivè, formaliter, vel eminenter continetur. Hanc conclusionem, ut clarius intelligatur, uno aut altero exemplo explicabo. Nempe, si quis libros aliquos, (puta unum alicujus insignis Philosophi, alterum alicujus nugatoris) unâ eademque manu scriptos videt, nec ad sensum verborum (hoc est, quatenus veluti imagines sunt); sed tantum ad delineamenta characterum, & ordinem literarum attendit: nullam inæqualitatem, quæ ipsum cogat, diversas causas quærere, inter ipsos agnoscet; sed ipsi ab eadem causa eodem

dem

demque modo procefsisse videbuntur. Verùm si ad sensum verborum, & orationum attendat, magnam inter ipsos inæqualitatem reperiet: Ac proinde concludet unius libri causam primam valde diversam à primâ causâ alterius fuisse, unamque aliâ tantò perfectiorem revera fuisse; quantùm sensum orationum utriusque libri, sive quantùm verba, quatenus veluti imagines considerantur, ab invicem differre reperit. Loquor autem de primâ causâ librorum, quæ necessario debet dari, quamvis concedam, imò supponam, unum librum ex alio describi posse, ut per se est manifestum. Idem etiam clarè explicari potest exemplo effigiei, putà alicujus Principis: nam si ad ipsius materialia tantùm attendamus, nullam inæqualitatem inter ipsam, & alias effigies reperiemus, quæ nos cogat diversas causas quærere: imò nihil obstabit, quin possimus cogitare, illam ex alia imagine fuisse depictam; & istam rursus ex aliâ, & sic in infinitum: Nam ad ejus delineamenta nullam aliam causam requiri satis dignoscemus. Verùm si ad imaginem, quatenus imago est, attendamus, statim causam primam cogemur quærere, quæ formaliter, vel eminenter contineat id, quod illa imago repræsentativè continet. Nec video, quid ad confirmandum & dilucidandum hoc axioma ulterius desideretur.

X. Non minor causa requiritur ad rem conservandam, quam ad ipsam primùm producendam.

Ex eo, quod hoc tempore cogitamus, non necessario sequitur nos postea cogitaturos. Nam conceptus, quem nostræ cogitationis habemus, non involvit, sive non continet necessariam cogitationis existentiam; possum enim cogitationem, quamvis supponam eam non existere, clarè, & distinctè concipere. Cùm autem uniuscujusque causæ natura debeat in se continere aut involvere perfectionem sui effectus (per Ax.8.): hinc clarè sequitur, aliquid in nobis, aut extra nos, quod nondum intelleximus, adhuc necessariò dari, cujus conceptus sive natura involvat existentiam, quodque sit causa, cur nostra cogitatio incepit existere, & etiam, ut existere pergat. Nam quamvis nostra cogitatio incepit existere, non ideo ejus natura, & essentia necessariam existentiam magis involvit, quam antequam existeret, ideoque eadem vi eget, ut in existendo perseveret, quæ eget, ut ex-

Hic unusquisque in se, quatenus est res cogitans, comperit.

C   ut ex-

ut existere incipiat. Et hoc, quod de cogitatione dicimus, dicendum etiam de omni re, cujus essentia non involvit necessariam existentiam.

XI. Nulla res existit, de qua non possit quæri, quænam sit causa (sive ratio), cur existat. Vide Ax. 1. Cartesii.

Cùm existere sit quid positivum, non possumus dicere, quod habeat nihil pro causa (per ax. 7.); ergo aliquam positivam causam, sive rationem, cur existat, assignare debemus, eamque externam, hoc est, quæ extra rem ipsam est, vel internam, hoc est, quæ in naturâ & definitione rei ipsius existentis comprehenditur.

Propositiones quatuor sequentes ex Cartesio desumptæ.

PROPOSITIO V.

Dei existentia ex sola ejus naturæ consideratione cognoscitur.

DEMONSTRATIO.

IDem est dicere, aliquid in rei alicujus natura sive conceptu contineri, ac dicere id ipsum de ea re esse verum (per def. 9.): Atqui existentia necessaria in Dei conceptu continetur (per axio. 6.): Ergo verum est de Deo dicere, necessariam existentiam in eo esse, sive ipsum existere.

SCHOLIUM.

EX hac propositione multa præclara sequuntur; imò ab hoc solo, quod ad Dei naturam pertinet existentia, sive, quod Dei conceptus involvit necessariam existentiam, sicut conceptus trianguli, quod ejus tres anguli sint æquales duobus rectis; sive, quod ejus existentia, non secus atque ejus essentia, sit æterna veritas: omnis fere Dei attributorum cognitio, per quam in illius amorem, sive summam beatitudinem ducimur,

cimur, dependet. Quare magnopere defiderandum effet, ut humanum genus tandem aliquando hæc nobifcum ample-&eretur. Fateor quidem, quædam dari præjudicia, quæ im- *Lege Art* pediunt, quo minus unufquifque hoc adeo facile intelligat. ¹⁶·*part.* ¹ *Principio-* Verum fi quis bono animo, & folo veritatis, fuæque veræ uti- *rum.* litatis amore impulfus, rem examinare velit; eaque fecum perpendere, quæ in Medit.5. quæque in fine Refponfionum ad primas Objectiones habentur; & fimul quæ de æternitate, Capit.1. Part.2. noftræ Appendicis tradimus; is procul dubio rem, quam clariffimè intelliget & nullus dubitare poterit, an aliquam Dei ideam habeat (quod fane primum fundamentum eft humanæ beatitudinis): Nam fimul clarè videbit, ideam Dei longè à cæterarum rerum ideis differre: ubi nempe intelliget Deum, quoad effentiam, & exiftentiam, à cæteris rebus toto genere difcrepare: quare, circa hæc Lectorem diutius hic detinere, non eft opus.

PROPOSITIO VI.

Dei exiftentia ex eo folo, quod ejus idea fit in nobis, à pofteriori demonftratur.

DEMONSTRATIO.

REalitas objectiva cujuslibet ex noftris ideis requirit caufam, in qua eadem ipfa realitas, non tantum objectivè, fed formaliter, vel eminenter contineatur (per ax.9.). Habemus autem ideam Dei (per def.2. & 8.), hujufque ideæ realitas objectiva nec formaliter, nec eminenter in nobis continetur(per ax.4.), nec in ullo alio, præterquam in ipfo Deo poteft contineri (per def.8.): Ergo hæc idea Dei, quæ in nobis eft, requirit Deum pro caufa, Deufque proinde exiftit (per ax.7.).

C 2   SCHO.

SCHOLIUM.

QUidam sunt, qui negant, se ullam Dei ideam habere, quem tamen, ut ipsi ajunt, colunt & amant. Et quamvis ipsis Dei definitionem, Deique attributa ob oculos ponas, nihil tamen proficies; non hercle magis, quam si virum à nativitate cæcum colorum differentias, prout ipsos videmus, docere moliaris. Verùm, nisi eos, tanquam pro novo animalium genere, medio scilicet inter homines & bruta, habere velimus, eorum verba parum curare debemus. Quomodo quæso alio modo alicujus rei ideam ostendere possumus, quam ejus definitionem tradendo, ejusq; attributa explicando? quod, cum circa Dei ideam præstemus, non est, quod verba hominum, Dei ideam negantium, propterea tantùm, quod nullam ejus imaginem in cerebro formare possunt, moram nobis injiciant.

Deinde notandum, quod Cartesius, ubi citat Ax. 4. ad ostendendum, quod realitas objectiva ideæ Dei, nec formaliter, nec eminenter in nobis continetur: supponit unumquemque scire se non esse substantiam infinitam, hoc est, summè intelligentem, summè potentem, &c. quod supponere potest. Qui enim scit se cogitare, scit etiam se de multis dubitare, nec omnia clarè, & distinctè intelligere.

Deniq; notandum, quod ex def. 8. etiam clarè sequatur, non posse dari plures Deos, sed tantum unum, ut Propos. 11. Hujus, & in 2 Parte nostræ Appendicis cap. 2. clarè demonstramus.

PROPOSITIO VII.

Dei existentia demonstratur etiam ex eo, quod nos ipsi habentes ejus ideam existamus.

SCHOLIUM.

AD hanc propositionem demonstrandam assumit Cartesius hæc duo Axiomata, nempe 1. *Quod potest efficere id, quod*

quod majus est, sive difficilius, potest etiam efficere id, quod minus.
2. *Majus est creare sive (per ax. 10.) conservare substantiam, quam attributa, sive proprietates substantiæ;* quibus quid significare velit, nescio. Nam quid facile, quid verò difficile vocat? nihil enim absolutè, sed tantùm respectu causæ, facile, aut difficile dicitur. Adeò, ut una, & eadem res eodem tempore respectu diversarum causarum facilis, & difficilis dici possit. Verùm si illa difficilia vocat, quæ magno labore; facilia autem, quæ minori labore ab eâdem causâ confici queunt; ut ex. g. vis quæ sustollere potest 50 libras, duplò facilius sustollere poterit 25 libras: Non erit sanè axioma absolutè verum, nec ex eo id, quod intendit demonstrare poterit. Nam ubi ait, *si haberem vim me ipsum conservandi, etiam haberem vim mihi dandi omnes perfectiones, quæ mihi desunt:* (quia scilicet non tantam potestatem requirunt) ipsi concederem; quod vires, quas impendo ad me conservandum, possent alia plura longe facilius efficere, nisi iis eguissem ad me conservandum: sed, quamdiu iis utor ad me conservandum, nego me posse eas impendere, ad alia, quamvis faciliora, efficienda, ut in nostro exemplo clarè videre est. Nec difficultatem tollit, si dicatur, quòd, cùm sim res cogitans, necessario deberem scire, num ego in me conservando omnes meas vires impendam, & etiam num ea sit causa, cur ego mihi non dem cæteras perfectiones. Nam (præterquam quod de hac re jam non disputatur; sed tantum quomodo ex hoc axiomate necessitas hujus propositionis sequatur.) si id scirem, major essem, & forte majores vires requirerem, quam quas habeo, ad me in majori illâ perfectione conservandum. Deinde nescio, an major sit labor substantiam, quàm attributa creare (sive conservare) hoc est, ut clarius, & magis Philosophicè loquar, nescio, an substantia non indigeat totâ suâ virtute, & essentiâ, quâ se forte conservat, ad conservanda sua attributa. Sed hæc relinquamus, & quæ nobilissimus Autor hic vult, ulterius examinemus, videlicet, quid per facile, quid per difficile intelligat. Non puto,

Ne alia exempla quæras, cape exemplum araneæ, quæ telam facile texit, quam homines, non nisi difficillime texerent: homines contra quamplurima facillime faciunt, quæ forte angelis impossibilia sunt.

to,

to, nec mihi ullo modo persuadeo, cum per difficile intelligere id, quod impossibile (ac proinde nullo modo potest concipi, quomodo fiat), & per facile id, quod nullam implicat contradictionem (ac proinde facile concipitur, quomodo fiat): quamvis in 3 Medit. primo obtutu id videatur velle, ubi ait, *Nec putare debeo, illa forsan, quæ mihi desunt, difficilius acquiri posse, quam illa, quæ jam in me sunt. Nam contra manifestum est, longè difficilius fuisse me, hoc est, rem, sive substantiam cogitantem, ex nihilo emergere, quam &c.* Nam id nec cum verbis autoris conveniret, nec etiam ejus ingenium redoleret. Etenim, ut primum omittam, inter possibile, & impossibile, sive inter id, quod intelligibile est, & inter id, quod non intelligibile est, nulla datur ratio; sicuti neque inter aliquid & nihil, & potestas ad impossibilia non magis quadrat, quam creatio, & generatio ad non entia: ideoque nullo modo inter se comparanda. Adde quod illa tantum inter se comparare & eorum rationem cognoscere possum, quorum omnium clarum & distinctum habeo conceptum. Nego igitur sequi, quod qui potest impossibile facere, possit etiam facere id, quod, possibile est. Quæso enim, quænam esset hæc conclusio? si quis potest facere circulum quadratum, poterit etiam facere circulum, cujus omnes lineæ, quæ à centro ad circumferentiam possunt duci, sint æquales: Aut, si quis potest facere, ut τὸ *nihil* patiatur, eoque uti, tanquam materia, ex qua aliquid producat, etiam habebit potestatem, ut ex aliqua re aliquid faciat. Nam, uti dixi, inter hæc & similia nulla datur convenientia, neque analogia, neque comparatio, neque ulla quæcumque ratio. Atque hoc unusquisque videre potest, modo ad rem parùm attendat. Quare hoc ab ingenio Cartesii prorsus alienum existimo. Verùm si ad 2 axioma ex duobus modo allatis attendo, videtur, quod per majus, & difficilius intelligere vult id, quod perfectius est, per minus verò & facilius, id, quod imperfectius. At hoc etiam valde obscurum videtur. Nam eadem hic est difficultas, quæ superius.

Nego

Nego enim, ut fuprà, cum, qui poteſt majus facere, poſſe
ſimul, & eadem opera, ut in Propoſitione debet ſupponi,
quod minus eſt, facere. Deinde ubi ait, *majus eſt creare, ſi-*
ve conſervare ſubſtantiam, quam attributa, ſanè per attributa
non intelligere poteſt, id, quod in ſubſtantia formaliter continetur, & ab ipſa ſubſtantia non niſi ratione diſtinguitur:
Nam tum idem eſt creare ſubſtantiam, quam creare attributa. Nec etiam, propter eandem rationem, intelligere poteſt proprietates ſubſtantiæ, quæ ex ejus eſſentiâ, & definitione neceſſariò ſequuntur. Multò etiam minùs intelligere poteſt, quod tamen videtur velle, proprietates & attributa alterius ſubſtantiç, ut ex. gr. ſi dico, quod poteſtatem habeo
ad me, ſubſtantiam ſcilicet cogitantem finitam, conſervan-
dum, non ideo poſſum dicere, quod habeam etiam poteſtatem mihi dandi perfectiones ſubſtantiç infinitæ, quæ totâ
eſſentiâ à meâ differt. Nam vis ſive eſſentia, quâ in meo
eſſe me conſervo, toto genere differt à vi ſive eſſentiâ, qua ſubſtantia abſolutè infinita ſe conſervat, à quâ ejus vires, & proprietates, non niſi ratione diſtinguuntur. Ideoque (quamvis
ſupponerem me meipſum conſervare) ſi vellem concipere,
me mihi poſſe dare perfectiones ſubſtantiæ abſolutè infinitæ,
nihil aliud ſupponerem, quam quod poſſem totam meam eſſentiam in nihilum redigere, & denuò ſubſtantiam infinitam
creare. Quod ſane longè majus eſſet, quam tantum ſupponere, quod poſſem me ſubſtantiam finitam conſervare. Cùm
itaque nihil horum per attributa ſive proprietates intelligere
poſſit, nihil aliud reſtat, quam qualitates, quas ipſa ſubſtantia eminenter continet, (ut hæc, & illa cogitatio in mente,
quas mihi deeſſe, clarè percipio), non verò quas altera ſubſtantia eminenter continet, (ut hic, & ille motus in extenſio-
ne: Nam tales perfectiones mihi, rei ſcilicet cogitanti, non
ſunt perfectiones, ideoque non mihi deſunt). Sed tum id,
quod Carteſius demonſtrare vult, nullo modo ex hoc axiomate concludi poteſt. Nempe quod, ſi me conſervo, etiam habeo,

Nota, quod
vis, qua
ſubſtantia
ſe conſer-
vat, n.hil
eſt præter
ejus eſſen-
tiam, &
non niſi
nomine ab
eadem dif-
fert, quod
maxime te-
cum habe-
bit, ubi in
Appendice
de Dei po-
tentia age-
mus.

beo , poteſtatem mihi dandi omnes perfectiones , quas ad ens
ſummè perfectum clarè reperio pertinere ; ut ex modo dictis ſatis conſtat. Verùm ne rem indemonſtratam relinquamus, & omnem confuſionem vitemus ; viſum fuit ſequentia
Lemmata in anteceſſum demonſtrare , ac poſtea iis , demonſtrationem hujus 7 Propoſitionis ſuperſtruere.

LEMMA I.

*Quò res ſuâ naturâ perfectior eſt , eò majorem exiſtentiam , & ma-
gis neceſſariam involvit ; & contrà , quò magis neceſſariam exiſtentiam res ſua natura involvit , eò perfectior eſt.*

DEMONSTRATIO.

IN omnis rei idea ſive conceptu continetur exiſtentia (per
ax.6.). Ponatur igitur A eſſe res, quæ decem gradus habet perfectionis. Dico, quod ejus conceptus plus exiſtentiæ
involvit, quam ſi ſupponeretur, quinque tantum gradus perfectionis continere. Nam cùm de nihilo nullam poſſimus affirmare exiſtentiam (vide Schol. Propoſ.4.), quantùm ejus
perfectioni cogitatione detrahimus, ac proinde magis, ac
magis, de nihilo participare concipimus, tantùm etiam poſ-
ſibilitatis exiſtentiæ de ipſo negamus. Ideoque, ſi ejus gradus perfectionis in infinitum diminui concipiamus uſque ad o,
ſive ciphram : nullam exiſtentiam, ſive impoſſibilem exiſtentiam continebit. Si autem contrà ejus gradus in infinitum au-
geamus, ſummam exiſtentiam, ac proinde ſummè neceſſariam involvere concipiemus. Quod erat primum. Deinde
cum hæc duo nullo modo ſeparari queant (ut ex ax. 6. tota-
que prima parte hujus ſatis conſtat): clarè ſequitur id, quod
ſecundo loco demonſtrandum proponebatur.

*Nota I. Quod, quamvis multa dicantur neceſſariò exiſtere ex eo
ſolo , quod datur cauſa determinata ad ipſa producenda : de iis hic
non loquamur , ſed tantum de ea neceſſitate , & poſſibilitate , quæ ex
ſola*

sola natura, sive rei essentiæ consideratione, nulla habita ratione cau-
sa, sequitur.

Nota II. Quod hic non loquimur de pulchritudine, & de aliis
perfectionibus, quas homines ex superstitione, & ignorantia perfe-
ctiones vocare voluerunt: Sed per perfectionem intelligo tantùm rea-
litatem, sive esse. Ut ex. gr. in substantia plus realitatis contineri
percipio, quàm in modis, sive accidentibus: Ideoque ipsam magis ne-
cessariam & perfectiorem existentiam continere clarè intelligo, quam
accidentia, ut ex Axiom. 4. & 7. satis constat.

COROLLARIUM.

Hinc sequitur, quicquid necessariam existentiam involvit,
esse ens summè perfectum, seu Deum.

LEMMA II.

Qui potentiam habet se conservandi, ejus natura necessariam
involvit existentiam.

DEMONSTRATIO.

QUi vim habet se conservandi, vim etiam habet se creandi (per ax. 10.), hoc est, (ut facile omnes concedent) nullà indiget causâ externâ ad existendum: sed sola ipsius natura
erit causa sufficiens, ut existat, vel possibiliter, vel necessario.
At non possibiliter. Nam (per id, quod circa ax. 10. demonstravi) tum ex eo, quod jam existeret, non sequeretur, ipsum
postea extiturum (quod est contra Hyp.): Ergo necessariò,
hoc est, ejus natura necessariam involvit existentiam, quod er.
dem.

DEMONSTRATIO.

Propositionis VII.

SI vim haberem me ipsum conservandi, talis essem naturæ, ut necessariam involverem existentiam (per Lem. 2.):

D ergo

ergo (per corol. Lem. 1.) mea natura omnes contineret perfectiones. Atqui in me, quatenus sum res cogitans, multas imperfectiones invenio, ut quod dubitem, quod cupiam &c. de quibus (per Schol. Propos. 4.) sum certus, ergo nullam vim habeo me conservandi. Nec dicere possum, quod ideo jam careo illis perfectionibus, quia eas mihi jam denegare volo; nam id clarè primo Lemmati & ei, quod in me (per ax. 5.) clarè reperio, repugnaret.

Deinde non possum jam existere, quin conserver, quamdiù existo, sive à me ipso, siquidem habeam istam vim, sive ab alio, qui illam habet (per ax. 10. & 11.). Atqui existo (per Schol. Propos. 4.), & tamen non habeo vim me ipsum conservandi, ut jam jam probatum est; ergo ab alio conservor. Sed non ab alio, qui vim non habet se conservandi (per eandem rationem, quâ modò me meipsum conservare non posse demonstravi): ergo ab alio, qui vim habet se conservandi, hoc est, (per Lemm. 2.) cujus natura necessariam involvit existentiam, hoc est, (per corol. Lemm. 1.) qui omnes perfectiones, quas ad ens summè perfectum clarè pertinere intelligo, continet; ac proinde ens summe perfectum, hoc est (per def. 8.), Deus existit, ut er. dem.

COROLLARIUM.

Deus potest efficere id omne, quòd clarè percipimus, prout id ipsum percipimus.

DEMONSTRATIO.

HÆc omnia clarè sequuntur ex præcedenti Propositione. In ipsa enim Deum existere ex eo probatum est, quod debeat aliquis existere, in quo sint omnes perfectiones, quarum idea aliqua est in nobis: Est autem in nobis idea tantæ alicujus potentiæ, ut ab illo solo, in quo ipsa est, cœlum, & terra, & alia etiam omnia, quæ à me, ut possibilia, intelliguntur

tur, fieri poffint: ergo fimul cum Dei exiftentiâ hæc etiam omnia de ipfo probata funt.

PROPOSITIO VIII.

Mens & corpus realiter diftinguuntur.

DEMONSTRATIO.

QUidquid clarè percipimus, à Deo fieri poteft, prout illud percipimus (per coroll. præc.): Sed clarè percipimus mentem, hoc eft, (per def. 6.) fubftantiam cogitantem
abfque corpore, hoc eft (per def. 7.) abfque fubftantiâ aliquâ extenfâ (per propof. 3. & 4.), & vice verfâ corpus abfque
mente (ut facile omnes concedunt). Ergo faltem per divinam potentiam mens effe poteft fine corpore, & corpus fine mente.

Jam vero fubftantiæ, quæ effe poffunt una abfque aliâ, realiter diftinguuntur (per def. 10.); atqui mens & corpus funt fubftantiæ (per def. 5. 6. 7.), quę una abfq; alia effe poffunt (ut mox
probatum eft): ergo mens, & corpus realiter diftinguuntur.

Vide Propofit. 4. Cartefii in fine Refponfionum ad 2 Objectiones; & quæ habentur 1. Parte Principiorum ab Art. 22.
ufque ad Art. 29: Nam ea hic defcribere non operæ pretium
judico.

PROPOSITIO IX.

Deus eft fummè intelligens.

DEMONSTRATIO.

SI neges; ergo Deus, aut nihil, aut non omnia, feu quædam tantum intelliget. At quædam tantum intelligere, &
cætera ignorare, limitatum & imperfectum intellectum fupponit, quem Deo adfcribere abfurdum eft (per defin. 8.).

Deum

Deum autem nihil intelligere, vel indicat in Deo carentiam intellectionis, ut in hominibus, ubi nihil intelligunt, ac imperfectionem involvit, quæ in Deum cadere non potest (per eand. definit.) vel indicat, quod perfectioni Dei repugnet, ipsum aliquid intelligere: At, cum sic intellectio de ipso prorsus negetur, non poterit, ullum intellectum creare (per axiom.8.). Cum autem intellectus clarè, & distinctè à nobis percipiatur, Deus illius causa esse poterit (per coroll. propos.7.). Ergo longè abest, ut Dei perfectioni repugnet, ipsum aliquid intelligere: Quare erit summè intelligens, q. e. demonstr.

SCHOLIUM.

Quamvis concedendum sit, Deum esse incorporeum, ut Propos. 16. demonstratur; hoc tamen non ita accipiendum, ac si omnes Extensionis perfectiones ab eo removendæ sint; sed tantummodo quatenus extensionis natura & proprietates imperfectionem aliquam involvunt. Quod idem etiam de Dei intellectione dicendum est, quemadmodum omnes, qui ultra vulgus Philosophorum sapere volunt, fatentur, ut fusè explicabitur in nostr. Append. Part.2. cap.7.

PROPOSITIO X.

Quicquid perfectionis in Deo reperitur, à Deo est.

DEMONSTRATIO.

SI neges: ponatur in Deo aliquam perfectionem esse, quæ à Deo non est. Erit illa in Deo, vel à se, vel ab aliquo à Deo diverso. Sit à se, ergo necessariam; sive minimè possibilem habebit existentiam (per Lemm.2. prop.7.), adeoq; (per corol. Lemm. 1. ejusdem) erit quid summè perfectum, ac proinde (per definit.8.) Deus. Si itaque dicatur aliquid in Deo esse,

eſſe, quòd à ſe eſt, ſimul dicitur id eſſe à Deo, q. e. de-
monſt. Si verò ab aliquo à Deo diverſo ſit, ergo Deus non
poteſt concipi per ſe ſummè perfectus contra definit. 8. Ergo quicquid perfectionis in Deo reperitur, à Deo eſt. q. e. d.

PROPOSITIO XI.

Non dantur plures Dii.

DEMONSTRATIO.

SI neges; concipe, ſi fieri poteſt, plures Deos, ex. grat.
A & B; tum neceſſario (per propoſ. 9) tam A, quàm B
erit ſummè intelligens, hoc eſt, A intelliget omnia, ſe ſcilicet, & B, & viciſſim B intelliget ſe, & A. Sed cum A & B
neceſſario exiſtant (per propoſ. 5.); ergò cauſa veritatis & neceſſitatis ideæ ipſius B, quæ eſt in A, eſt ipſe B; & contra
cauſa veritatis, & neceſſitatis ideæ ipſius A, quæ eſt in B, eſt
ipſe A; quapropter erit aliqua perfectio in A, quæ non eſt ab
A; & in B, quæ nòn eſt à B: ideoque (per præced.) A nec
B erunt Dii; adeoque non dantur plures. q. e. d.

*Notandum hic, quòd ex hoc ſolo, quòd aliqua res ex ſe neceſ-
ſariam involvit exiſtentiam, qualis eſt Deus, neceſſariò ſequatur,
illam eſſe unicam: ut unuſquiſque apud ſe attentâ meditatione dè-
prehendere poterit, atque etiam hic demonſtrare potuiſſem; ſed modo non ita ab omnibus perceptibili, quemadmodum in hac propoſitione factum eſt.*

PROPOSITIO XII.

Omnia quæ exiſtunt, à ſola vi Dei conſervantur.

DEMONSTRATIO.

SI negas; ſupponatur aliquid ſe ipſum conſervare; quare
(per Lemm. 2. propoſ. 7.) ejus natura neceſſariam invol-

vit exiſtentiam, ac proinde (per corollar. Lem. 1. ejuſdem)
eſſet Deus, darenturque plures Dii, quod eſt abſurdum (per
præc.). Ergo nihil exiſtit, quod ſolá vi Dei non conſervetur
q. e. d.

COROLLARIUM I.

Deus eſt omnium rerum Creator.

DEMONSTRATIO.

Deus (per præc.) omnia conſervat, hoc eſt (per ax. 10.)
omnia quæ exiſtunt creavit, & adhuc continuo creat.

COROLLARIUM II.

Res nullam ex ſe habent eſſentiam, quæ ſit cauſa cognitionis
Dei: ſed contrà, Deus eſt cauſa rerum, etiam quoad
earum eſſentiam.

DEMONSTRATIO.

Cum nihil perfectionis in Deo reperiatur, quod à Deó non
ſit, (per propoſ. 10.); nullam res ex ſe habebunt eſſentiam,
quæ poſſit eſſe cauſa cognitionis Dei. Sed contra, cùm Deus
omnia non ex alio generarit, ſed prorſus creavit (per prop. 12.
cum cor.), & actio creandi nullam agnoſcat cauſam præter
efficientem, (ſic enim creationem definio) quæ Deus eſt:
ſequitur, res ante creationem prorſus nihil fuiſſe; ac proinde
etiam Deum cauſam fuiſſe earum eſſentiæ, q. e. d.

Notandum, hoc Corollarium ex eo etiam patere, quod
Deus ſit omnium rerum cauſa ſive creator (per coroll. 1.), &
quod cauſa omnes effectus perfectiones in ſe continere debeat
(per axiom. 8.), quemadmodum unuſquiſque facile videre poteſt.

CO-

COROLLARIUM III.

Hinc clarè sequitur, Deum non sentire, nec propriè percipere: nam illius intellectus à nulla re extra se determinatur: sed omnia ab eo profluunt.

COROLLARIUM IV.

Deus est causalitate prior rerum essentiâ & existentiâ, ut clarè ex 1. & 2. corollar. hujus proposit. sequitur.

PROPOSITIO XIII.

Deus est summe verax, minimeque deceptor.

DEMONSTRATIO.

DEo (per def. 8.) nihil affingere possumus, in quo aliquid imperfectionis deprehendimus: & cum omnis deceptio (ut per se notum), aut fallendi voluntas, non nisi ex malitiâ vel metu procedat: metus autem diminutam potentiam supponat; malitia verò privationem bonitatis: nulla deceptio, aut fallendi voluntas Deo, enti scilicet summè potenti, & summè bono, erit adscribenda: sed contra summè verax minimèque deceptor dicendus, q. e. d. Vide Responsion. ad secundas Objectiones, num. 4.

Hoc axioma inter axiomata non recensui, quia minime opus fuit. Nam eo non egebam, nisi ad solam hanc propr. demonstr. & etiam

quia, quamdiu Dei existentiam ignorabam, nolui aliqua pro veris assumere, nisi quæ poteram ex primo cognito ego sum deducere, ut in Prop. 4. Scholio monui. Porro definitiones metus, & malitiæ non etiam inter definitiones posui, quia nemo eas ignorat, & iis non egeo, nisi ad solam hanc propositionem.

PROPOSITIO XIV.

Quidquid clarè, & distinctè percipimus, verum est.

FAcultas veri à falso dignoscendi, quæ (ut unusquisque in se comperit, & ex omnibus, quæ jam demonstrata sunt videre

videre eſt) in nobis eſt, à Deo creata eſt, & continuo con-
ſervatur (per proſ. 12. cum coroll.), hoc eſt, (per præc.) ab
ente ſummè veraci minimèque deceptore, neque ullam facultatem (ut unuſquiſque in ſe comperit) nobis donavit abſti-
nendi, ſive non aſſentiendi iis, quæ clarè & diſtinctè percipimus; quare ſi circa ea deciperemur, omnino à Deo eſſemus
decepti, eſſetque deceptor, quod (per præc.) eſt abſurdum;
quidquid igitur, clarè, & diſtinctè percipimus, verum eſt,
q. e. d.

SCHOLIUM.

Cùm ea, quibus neceſſario, ubi à nobis clarè & diſtinctè
percipiuntur, aſſentiri debemus, neceſſariò ſint vera: atque
facultatem habeamus iis, quæ obſcura & dubia ſunt, ſive quæ
ex certiſſimis principiis non ſunt deducta, non aſſentiendi,
ut unuſquiſque in ſe comperit: clarè ſequitur nos ſemper poſſe
cavere, ne in errores incidamus, & ne unquam fallamur (quod
idem adhuc clarius ex ſequentibus intelligetur), modo ſerio
apud nos conſtituamus, nihil affirmare, quod non clarè, & diſtinctè percipimus, ſive quod ex per ſe claris & certis principiis non deductum eſt.

PROPOSITIO XV.

Error non eſt quid poſitivum.

DEMONSTRATIO.

SI error quid poſitivum eſſet, ſolum Deum pro cauſa haberet, à quo continuo deberet procreari (per propoſ. 12.).
At qui hoc eſt abſurdum (per propoſ. 13.): Ergo error non
eſt, quid poſitivum. q. e. d.

SCHO-

SCHOLIUM.

CUm error non sit quid positivum in homine, nihil aliud poterit esse, quam privatio recti usus libertatis (per Schol. propos. 14.): ideoque non, nisi eo sensu, quo dicimus absentiam Solis causam esse tenebrarum, vel quo Deus, propterea quod infantem, excepto visu, aliis similem fecit, causa cæcitatis dicitur; Deus causa erroris dicendus; nempe quia nobis intellectum ad pauca tantum se extendentem dedit. Quòd ut clarè intelligatur, & simul etiam quomodo error à solo abusu nostræ voluntatis pendeat, ac denique quomodo ab errore cavere possimus: modos, quos cogitandi habemus, in memoriam revocemus, nempe omnes modos percipiendi (ut sentire, imaginari, & purè intelligere) & volendi (ut cupere, aversari, affirmare, negare, & dubitare); nam omnes ad hos duos referri possunt.

Circa eos autem venit notandum: 1°. quod mens, quatenus res clarè, & distinctè intelligit, iisque assentitur, non potest falli (per propos. 14.): neque etiam, quatenus res tantum percipit, neque iis assentitur. Nam, quamvis jam percipiam equum alatum, certum est, hanc perceptionem nihil falsitatis continere, quamdiu non assentior, verum esse, dari equum alatum, neque etiam quamdiu dubito, an detur equus alatus. Et cùm assentiri nihil aliud sit, quam voluntatem determinare, sequitur, errorem à solo usu voluntatis pendere.

Quod ut adhuc clarius pateat, notandum 2°; quod nos non tantum habeamus potestatem iis assentiendi, quæ clarè, & distinctè percipimus; verum etiam iis, quæ quocumque alio modo percipimus. Nam nostra voluntas nullis limitibus determinata est. Quod clarè unusquisq; videre potest, modo ad hoc attendat, nempe quod, si Deus facultatem nostram intelligendi infinitam reddere vellet, non ipsi opus esset, nobis ampliorem facultatem assentiendi dare, quàm ea est, quam jam

E habe-

habemus, ut omnibus à nobis intellectis affentiri poffemus: Sed hæc eadem, quam jam habemus, rebus infinitis affentiendis fufficeret. Et re ipfa etiam experimur, quod multis affentiamur, quæ ex certis principiis non deduximus. Porrò ex his clarè videre eft, quod, fi intellectus æquè latiùs fe extenderet ac volendi facultas, five, fi volendi facultas non latiùs fe extendere poffet, quàm intellectus, vel denique fi facultatem volendi intra limites intellectus continere poffemus, nunquam in errorem incideremus (per propof. 14.).

Verum ad duo priora præftanda nullam habemus poteftatem: nam implicat, ut voluntas non fit infinita & intellectus creatus finitus. Reftat igitur tertium confiderandum: nempe an habeamus poteftatem facultatem noftram volendi intra limites intellectus continendi. Cùm autem voluntas libera fit ad fe determinandam: fequitur nos poteftatem habere facultatem affentiendi intra limites intellectus continendi, ac proinde efficiendi, ne in errorem incidamus; unde evidentiffime patet, à folo ufu libertatis voluntatis pendere, ne unquam fallamur. Quod autem noftra voluntas libera fit, demonftratur Art. 39. Part. 1. Princ. & in 4. Meditatione, & à nobis in noftr. Append. cap. ultimo fufe etiam oftenditur. Et quamuis, ubi rem clarè & diftinctè percipimus, non poffimus ei non affentiri; neceffarius ifte affenfus non ab infirmitate, fed à folà libertate, & perfectione noftræ voluntatis pendet. Nam affentiri vero eft in nobis perfectio (ut per fe fatis notum), nec voluntas unquam perfectior eft, nec magis libera, quam cum fe prorfus determinat. Quod cum contingere poteft, ubi mens aliquid clarè, & diftinctè intelligit, neceffariò eam perfectionem ftatim fibi dabit (per ax. 5.). Quare longè abeft, ut per id, quod minimè indifferentes fimus in amplectendo vero, nos minus liberos effe intelligamus. Nam contrà pro certo ftatuimus, quò magis indifferentes fumus, eò nos minus liberos effe.

Reftat itaque hic tantùm explicandum, quomodo error refpe-

reſpectu hominis nihil ſit, niſi privatio, reſpectu vero Dei mera negatio. Quod facile videbimus, ſi priùs animadvertamus,
nos ex eo, quod multa percipimus præter ea, quæ clarè
intelligimus, perfectiores eſſe, quàm ſi ea non perciperemus:
ut clarè ex eo conſtat, quod, ſi ſupponerctur, nos nihil clarè
& diſtinctè poſſe percipere; ſed tantùm confuſe, nihil perfectius haberemus, quam res confuſe percipere, nec aliud no-
ſtrę naturæ deſiderari poſſet. Porro rebus, quamvis confuſis,
aſſentiri, quatenus etiam actio quædam eſt, perfectio eſt.
Quod etiam unicuique manifeſtum erit, ſi, ut ſupra, ſupponat, naturæ hominis repugnare, ut res clarè, & diſtinctè
percipiat; tum enim perſpicuum evadet, longè melius homi-
ni eſſe, rebus, quamvis confuſis, aſſentiri, & libertatem ex-
ercere, quàm ſemper indifferentem, hoc eſt (ut modo oſtendimus) in infimo gradu libertatis manere. Et ſi etiam ad
uſum, & utilitatem vitæ humanæ attendere volumus, id prorſus neceſſarium reperiemus, ut quotidiana experientia unumquemque ſatis docet.

Cùm igitur omnes modi, quos cogitandi habemus, quatenus in ſe ſolis ſpectantur, perfecti ſint: non, poteſt eatenus in iis eſſe id, quod formam erroris conſtituit. Verùm ſi
ad modos volendi, prout ab invicem differunt, attendamus,
alios aliis perfectiores inveniemus, prout alii aliis voluntatem
minus indifferentem, hoc eſt, magis liberam reddunt. Deinde etiam videbimus, quòd, quamdiu rebus confuſis aſſenti-
mur, efficiamus, ut mens minus apta ſit ad verùm à falſo di-
gnoſcendum: ac proinde ut optimâ libertate careamus. Quare rebus confuſis aſſentiri, quatenus quid poſitivum eſt, nihil
imperfectionis, nec formam erroris continet: ſed tantùm quatenus eo optimâ libertate, quæ ad noſtram naturam ſpectat,
& in noſtra poteſtate eſt, nos noſmet privamus. Tota igitur imperfectio erroris in ſolâ optimæ libertatis privatione
conſiſtet, quæ error vocatur; Privatio autem dicitur, quia aliqua perfectione, quæ noſtræ naturæ competit, privamur;

Error

Error verò, quia noſtrâ culpâ ea perfectione caremus, quatenus, quemadmodum poſſumus, voluntatem non intra limites intellectus continemus. Cum igitur error nihil aliud ſit reſpectu hominis, quam privatio perfecti, ſive recti uſus libertatis, ſequitur illam non in ullâ facultate, quam à Deo habet, nec etiam in ulla facultatum operatione, quatenus à Deo dependet, ſitam eſſe. Nec dicere poſſumus, quod Deus nos majori intellectu, quam nobis dare potuerat, privavit, ac proinde fecit, ut in errores incidere poſſemus: Nam nullius rei natura à Deo aliquid exigere poteſt: Nec aliquid ad aliquam rem pertinet, præter id, quod Dei voluntas ei largiri voluit; nihil enim ante Dei voluntatem extitit, nec etiam concipi poteſt (ut fuſe in noſtr. Appendic. cap. 7 & 8 explicatur). Quare Deus non magis nos majori intellectu, ſive perfectiori facultate intelligendi privavit, quam circulum proprietatibus globi, & peripheriam proprietatibus ſphæræ.

Cum itaque nulla noſtrarum facultatum, quomodocumque conſideretur, ullam in Deo imperfectionem oſtendere poſſit: clarè ſequitur, quod imperfectio illa, in quâ forma erroris conſiſtit, non, niſi reſpectu hominis, ſit privatio; verum ad Deum, ut ejus cauſam relata, non privatio, ſed tantùm negatio dici poſſit.

PROPOSITIO XVI.

Deus eſt incorporeus.

DEMONSTRATIO.

COrpus eſt ſubjectum immediatum motus localis (per def. 7.): quare ſi Deus eſſet corporeus, divideretur in partes, quòd cum clarè involvat imperfectionem, abſurdum eſt de Deo (per def. 8.) affirmare.

ALI-

ALITER.

Si Deus eſſet corporeus, poſſet in partes dividi (per def.7).
Jam vel unaquæque pars per ſe poſſet ſubſiſtere, vel non poſſet ſubſiſtere: ſi hoc, eſſet ſimilis cæteris, quæ à Deo creata
ſunt, ac proinde, ut omnis res creata, continuo eadem vi à Deo
procrearetur (per propoſ. 10. & ax. 11.) & ad Dei naturam non
magis, quam cæteræ res creatæ, pertineret, q. e. abſ. (per
prop. 5.) Verum ſi unaquæque pars per ſe exiſtit, debet etiam
unaquæque neceſſariam exiſtentiam involvere (per Lem.2 pro-
poſ.7.), & conſequenter unaquæque ens eſſet ſummè perfectum (per corol. lem. 2. prop. 7.): ſed hoc etiam eſt abſurdum
(per prop. 11.): ergo Deus eſt incorporeus. q. e. dem.

PROPOSITIO XVII.

Deus eſt ens ſimpliciſſimum.

DEMONSTRATIO.

SI Deus ex partibus componeretur, deberent partes (ut
facilè omnes concedent) priores ad minimum naturâ Deo
eſſe, quod eſt abſurdum (per corol. 4. prop. 12.); Eſt igitur
ens ſimpliciſſimum, q. e. d.

COROLLARIUM.

Hinc ſequitur, Dei intelligentiam, voluntatem, ſeu Decretum & Potentiam, non diſtingui, niſi ratione ab ejus eſſentiâ.

E 3 PRO.

PROPOSITIO XVIII.

Deus est immutabilis.

DEMONSTRATIO.

SI Deus esset mutabilis, non posset ex parte, sed deberet secundum totam essentiam mutari (per prop.7.); At essentia Dei necessario existit (per prop.5.6.& 7.): ergo Deus est immutabilis. q.e.d.

PROPOSITIO XIX.

Deus est æternus.

DEMONSTRATIO.

DEus est ens summè perfectum (per def.8.), ex quo sequitur (per prop.5.), ipsum necessariò existere. Si jam ipsi limitatam existentiam tribuamus, limites ejus existentiæ necessario, si non à nobis, saltem ab ipso Deo debent intelligi (.per prop.9.), quia est summè intelligens; quare Deus ultra illos limites se, hoc est (per def.8.) ens summè perfectum, non existentem intelliget, quod est absurdum (per prop.5.): ergo Deus non limitatam, sed infinitam habet existentiam, quam æternitatem vocamus. Vide cap. 1. part. 2. nostr. Append. Deus igitur est æternus, q.e.d.

PROPOSITIO XX.

Deus omnia ab æterno præordinavit.

DEMONSTRATIO.

CUm Deus sit æternus (per præced.), erit ejus intelligentia æterna, quia ad ejus æternam essentiam pertinet (per corol.

corol. prop. 17.) : atqui ejus intellectus ab ejus voluntate sive decreto in re non differt (per corol. prop. 17.); ergo cum dicimus Deum ab æterno res intellexisse, simul dicimus eum ab æterno res ita voluisse, sive decrevisse, q. e. d.

COROLLARIUM.

Ex hac Propositione sequitur Deum esse summè constantem in suis operibus.

PROPOSITIO XXI.

Substantia extensa in longum, latum, & profundum reverè existit: Nosque uni ejus parti uniti sumus.

RES extensa, prout à nobis clarè & distinctè percipitur, ad Dei naturam non pertinet (per propos. 10.): Sed à Deo creari potest (per corol. propos. 7, & per prop. 8.). Deinde clarè & distinctè percipimus, (ut unusquisque in se, quatenus cogitat, reperit) substantiam extensam causam sufficientem esse ad producendum in nobis titillationem, dolorem, similesque ideas, sive sensationes, quæ continuò in nobis, quamvis invitis, producuntur: at, si præter substantiam extensam, aliam nostrarum sensationum causam, putà Deum, aut Angelum fingere volumus, statim nos clarum ac distinctum, quem habemus, conceptum destruimus. Quapropter, *Vide demonstrationem propos. 14. & Schol. propos. 15.* quamdiu ad nostras perceptiones rectè attendimus, ut nihil admittamus, nisi quòd clarè & distinctè percepimus, prorsus propensi, seu minimè indifferentes erimus ad assentiendum, quòd substantia extensa sola sit causa nostrarum sensationum, ac proinde ad affirmandum, quòd res extensa à Deo creata, existat. Atque in hoc sanè falli non possumus (per prop. 14. cum Scholio): Quarè verè affirmatur, quod substantia extensa tenfa in longum, latum, & profundum exiftat, quod erat primum.

Porro inter noftras fenfationes, quæ in nobis (ut jam demonftravimus). à fubftantiâ extenfâ produci debent, magnam differentiam obfervamus, nempe ubi dico me fentire, feu videre arborem, feu ubi dico, me fitire, dolere, &c. Hujus autem differentiæ caufam clarè video me non poffe percipere, nifi priùs intelligam, me uni parti materiæ arcte effe unitum, & aliis non item. Quod cum clare & diftincte intelligam, nec ullo alio modo à me percipi poffit: verum eft (per propof. 14. cum Scholio), me uni materiæ parti unitum effe, quod erat fecundum. Demonftravimus igitur, quod e.d.

Nota : Nifi Lector hic fe confideret tantum, ut rem cogitantem, & corpore carentem ; & omnes rationes, quas antea habuit credendi, quod corpus exiftat, tanquam præjudicia deponat, fruftrà hanc demonftrationem intelligere conabitur.

Finis primæ Partis.

PRIN-

PRINCIPIA PHILOSOPHIÆ

MORE GEOMETRICO DEMONSTRATA.

PARS II.

POSTULATUM.

Etitur hic tantum, ut unufquifque ad fuas perceptiones quàm accuratiffimè attendat, quò clarum ab
obfcuro diftinguere poffit.

DEFINITIONES.

I. *Extenfio* eft id, quod tribus dimenfionibus conftat: non
autem per extenfionem intelligimus actum extendendi, aut
aliquid à quantitate diftinctum.

II. Per *Subftantiam* intelligimus id, quod ad exiftendum
folo Dei concurfu indiget.

III. *Atomus* eft pars materiæ fua naturâ indivifibilis.

IV. *Indefinitum* eft id, cujus fines (fi quos habet) ab humano intellectu inveftigari nequeunt.

V. *Vacuum* eft extenfio fine fubftantiâ corporeâ.

VI. *Spatium* ab extenfione non, nifi ratione, diftinguimus,
five in re non differt. Lege Art. 10. Part. 2. Princip.

VII. Quod per cogitationem dividi intelligimus, id *divi-
fibile* eft, faltem potentiâ.

VIII. *Motus localis* eft tranflatio unius partis materiæ,
five unius corporis, ex viciniâ eorum corporum, quæ illud
immediatè contingunt, & tanquam quiefcentia fpectantur,
in viciniam aliorum.

F · *Hæc*

Hac Definitione utitur Cartesius ad motum localem explican-
dum, quæ ut recte intelligatur, considerandum venit

1°. *Quod per partem materiæ intelligit, id omne, quod simul trans-*
fertur, etsi rursus id ipsum constare possit ex multis partibus.

2°. *Quod ad vitandam confusionem in hac definitione loquitur*
tantùm de eo, quod perpetuò est in re mobili, scilicet translatione,
ne confundatur, ut passim ab aliis factum est, cum vi vel actio-
ne, quæ transfert: Quam vim vel actionem vulgò putant tantùm
ad motum requiri; non verò ad quietem, in quo planè decipiuntur.
Nam, ut per se notum, eadem vis requiritur, ut alicui corpori
quiescenti certi gradus motus simul imprimantur, quæ requiritur, ut
rursus eidem corpori certi isti gradus motus simul adimantur, adeo-
que planè quiescat. Quin etiam experientiâ probatur, nam ferè
æquali vi utimur, ad navigium in aquâ stagnante quiescens impellen-
dum, quàm ad idem, cum movetur, subitò retinendum; & certè
planè eadem esset, nisi ab aquâ ab eo sublevatâ gravitate, & lento-
re in retinendo adjuvaremur.

3°. *Quod ait, translationem fieri ex viciniâ corporum contiguorum*
in viciniam aliorum; Non verò ex uno loco in alium. Nam locus (ut
ipse explicuit Art. 13. Part. 2.) non est aliquid in re, sed tantùm
pendet à nostrâ cogitatione, adeò ut idem corpus possit dici locum simul
mutare & non mutare: non verò è viciniâ corporis contigui simul
transferri & non transferri: una enim tantùm corpora eodem tem-
poris momento eidem mobili contigua esse possunt.

4°. *Quod non ait absolutè translationem fieri ex viciniâ corpo-*
rum contiguorum, sed eorum duntaxat, quæ tanquam quiescentia spe-
ctantur: nam ut transferatur corpus A à cor-
pore B quiescente, eadem vis & actio requi-
ritur ex una parte, quæ ex altera; quod cla-
rè apparet exemplo scaphæ, luto sive arenâ, quæ in fundo aquæ sunt,
adhærentis; hæc enim ut propellatur, æqualis necessario vis tam fun-
do, quàm scaphæ impingenda erit. Quapropter vis, quâ corpora mo-
veri debent, æquè corpori moto, atque quiescenti, impenditur. Tran-
slatio verò est reciproca; nam si scapha separetur ab arenâ, arena
etiam

etiam à scapha separatur. Si itaque absolutè corporum, quæ à se invicem separantur, uni in unam, alteri in alteram partem, æquales motus tribuere, & unum non tanquam quiescens spectare vellemus, idque ob id solum, quod eadem actio sit in uno, quæ in altero; tum etiam corporibus, quæ ab omnibus tanquam quiescentia spectantur, e. g. arenæ, à qua scapha separatur, tantundem motus tribuere cogeremur, quantum corporibus motis; nam, uti ostendimus, eadem actio requiritur ex una, quæ ex altera parte, & translatio est reciproca: sed hoc à communi loquendi usu nimium abhorreret. Verùm quamvis ea corpora, à quibus separantur alia, tanquam quiescentia spectentur, ac etiam talia vocentur, tamen recordabimur, quòd id omne, quod in corpore moto est, propter quod moveri dicitur, etiam sit in corpore quiescente.

5°. *Denique ex def. etiam clarè apparet, quod unumquodque corpus habeat unum duntaxat motum sibi proprium, quoniam ab unis tantum corporibus sibi contiguis, & quiescentibus recedere intelligitur: Attamen, si corpus motum sit pars aliorum corporum, alios motus habentium, clarè intelligimus, ipsum etiam participare posse ex aliis innumeris; sed quia non facilè tam multi simul intelligi, nec etiam omnes agnosci possunt, sufficiet unicum illum, qui cuique corpori est proprius, in ipso considerare. Lege Art. 31. Part. 2. Princip.*

IX. Per *Circulum corporum motorum* tantùm intelligimus, cum ultimum corpus, quod propter impulsum alterius movetur, primum motorum immediatè tangit: quamvis linea, quæ ab omnibus corporibus simul per impulsum unius motus describitur, sit valdè contorta.

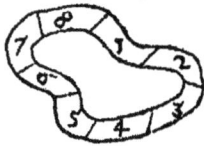

AXIOMATA.

I. Nihili nullæ sunt proprietates.

II. Quidquid ab aliquâ retolli potest, eâ integrâ remanente, ipsius essentiam non constituit: id autem, quod, si auferatur, rem tollit, ejus essentiam constituit.

In

III. In duritie nihil aliud fenfus nobis indicat, nec aliud de ipfa clarè & diftinctè intelligimus, quàm quod partes durorum corporum motui manuum noftrarum refiftunt.

IV. Si duo corpora ad invicem accedant, vel ab invicem recedant, non ideò majus aut minus fpatium occupabunt.

V. Pars materiæ, five cedat, five refiftat, non ideò naturam corporis amittit.

VI. Motus, quies, figura, & fimilia non poffunt concipi fine extenfione.

VII. Ultra fenfiles qualitates nihil remanet in corpore præter extenfionem & ejus affectiones, in Part. 1. Principior. memoratæ.

VIII. Unum fpatium, five extenfio aliqua non poteft effe unâ vice major, quàm aliâ.

IX. Omnis extenfio dividi poteft, faltem cogitatione.

De veritate hujus axiomatis nemo, qui elementa Matheseos tantùm didicit, dubitat. Spatium enim datum inter tangentem & Circulum infinitis aliis circulis majoribus dividi femper poteft. Quod idem etiam ex Hyperbolæ Afymptotis patet.

X. Nemo fines alicujus extenfionis five fpatii concipere poteft, nifi fimul ultra ipfos alia fpatia, hoc immediatè fequentia, concipiat.

XI. Si materia fit multiplex, neque una aliam immediatè tangit, unaquæque neceffariò fub finibus, ultrà quos non datur materia, comprehenditur.

XII. Minutiffima corpora facilè motui manuum noftrarum cedunt.

XIII. Unum fpatium aliud fpatium non penetrat, nec unâ vice majus eft, quàm aliâ.

XIV. Si canalis A fit ejufdem longitudinis, ac C; at C

A  duplo latior, quam A: Et aliqua materia fluida duplo celerius tranfeat

C  per canalem A, quàm quæ tranfit per canalem C; tantundem materiæ eodem
dem

dem temporis spatio per canalem A transibit , quantum per
C ; & si per canalem A tantundem transeat , atque per C, illa duplò celeriùs movebitur.

XV. Quæ uni tertio conveniunt, inter se conveniunt. Et
quæ ejusdem tertii dupla sunt , inter se sunt æqualia.

XVI. Materia , quæ diversimode movetur , tot ad mi-
mimum habet partes actu divisas, quot varii celeritatis gradus simul in ipsa observantur.

XVII. Linea, inter duo puncta brevissima , est recta.

XVIII. Corpus A à C versus B motum , si à B versus
C repellatur , per eandem versus C
movebitur lineam.

XIX. Corpora , quæ contrarios habent motus, cum sibi mutuo occurrunt , ambo aliquam variationem pati coguntur , vel ad minimùm alterutrum.

XX. Variatio in aliqua re procedit à vi fortiori.

XXI. Si, cum corpus 1 movetur versus corpus 2 , idque
impellit, & corpus 8 ex hoc impulsu ver-
sus 1 moveatur; corpora 1,2,3.&c. non
possunt esse in rectâ lineâ : sed omnia jus-
que ad 8 integrum circulum componunt;
Vid. Defin. 9.

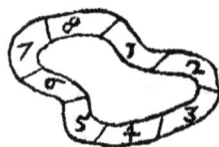

LEMMA I.

Ubi datur Extensio sive Spatium, ibi datur necessariò Substantia.

DEMONSTRATIO.

EXtensio sive spatium (per ax. 1.) non potest esse purum
nihil ; est ergo attributum, quod necessariò alicui rei tribui debet. Non Deo (per propos. 16. part. 1.); ergo rei, quæ
indiget solo concursu Dei ad existendum (per propos. 12.
part. 1.), hoc est (per def. 2. hujus), substantiæ. q. e. d.

F 3   LEM-

LEMMA II.

Rarefactio & Condenfatio claré & diftincté à nobis concipiuntur, quamvis non concedamus, corpora in rarefactione majus fpatium occupare, quàm in condenfatione.

DEMONSTRATIO.

P Offunt enim claré & diftincté concipi per id folum, quòd partes alicujus corporis ab invicem recedant, vel ad invicem accedant; Ergo *(per Ax.4.)* non majus, neque minus fpatium occupabunt : nam fi partes alicujus corporis, putà fpongiæ, ex eo, quòd ad invicem accedant, corpora, quibus ipfius intervalla replentur, expellant, per hoc folum iftud corpus denfius reddetur, nec ideò minus fpatium, quàm anteà ejus partes occupabunt (per Ax.4.). Et fi iterum ab invicem recedant, & meatus ab aliis corporibus repleantur, fiet rarefactio, nec tamen majus fpatium occupabunt.   Et hoc, quòd ope fenfuum claré percipimus in fpongiâ, poffumus folo intellectu concipere de omnibus corporibus, quamvis eorum intervalla humanum fenfum planè effugiant. Quare Rarefactio, & Condenfatio claré & diftincté à nobis concipiuntur, &c. q. e. d.

Vifum fuit hæc præmittere, ut intellectus præjudicia de Spatio, Rarefactione &c. exueret, & aptus redderetur ad ea, quæ fequentur, intelligenda.

PROPOSITIO I.

Quamvis durities, pondus & reliquæ fenfiles qualitates à corpore aliquo feparentur, integra remanebit nihilominus natura corporis.

DEMONSTRATIO.

I N duritie, putà hujus lapidis, nihil aliud fenfus nobis indicat, nec aliud de ipfâ claré & diftincte intelligimus, quàm
quòd

quòd partes durorum corporum motui manuum nostrarum
resistant (per Ax.3.): Quare (per propos.14. part.1.) durities etiam nihil aliud erit.   Si verò istud corpus in pulvis-
culos quàm minutissimos redigatur , ejus partes facilè re-
cedent (per Ax. 12.), nec tamen corporis naturam amittet
(per Ax.5.) q. e. d.

In pondere, cæterisque sensilibus qualitatibus eodem modo procedit demonstratio.

PROPOSITIO II.

Corporis sive Materiæ natura in sola extensione consistit.

DEMONSTRATIO.

NAtura corporis non tollitur ex sublatione sensilium qualitatum (per propos.1. hujus); ergo neque constituunt
ipsius essentiam (per Ax.2.): Nihil ergo remanet præter extensionem , & ejus affectiones (per Ax.7.). Quare, si tollatur extensio, nihil remanebit, quod ad naturam corporis pertineat , sed prorsus tolletur; ergo (per Ax.2.) in sola extensione Corporis naturâ consistit. q. e. d.

COROLLARIUM.

Spatium & Corpus in re non differunt.

DEMONSTRATIO.

COrpus & extensio in re non differunt (per præced.), spatium etiam & extensio in re non differunt (per defin.6.;
ergo (per axiom.15.) spatium & corpus in re non differunt.
q. e. d.

SCHO-

SCHOLIUM.

Vide de his fusius in Append. part. 2. c. 3. & 9.

QUamvis dicamus, Deum esse ubique, non ideò concedi-tur Deum esse extensum, hoc est (per præc.), corpo-reum; nam esse ubique refertur ad solam potentiam Dei & ejus concursum, quo res omnes conservat: Adeò ut Dei ubi-quitas referatur non magis ad extensionem sive corpus, quàm ad angelos, & animas humanas. Sed notandum, quòd, cum dicimus ipsius potentiam esse ubique, non secludamus ipsius essentiam; nam, ubi ipsius potentia, ibi etiam est ipsius es-sentia: Sed solùm, ut corporeitatem secludamus, hoc est, Deum non aliquâ potentiâ corporeâ esse ubique, sed poten-tiâ sive essentiâ divinâ, quæ communis est ad conservandum extensionem, & res cogitantes, quas profecto conservare non potuisset, si ipsius potentia, hoc est, essentia corporea esset.

PROPOSITIO III.

Repugnat, ut detur vacuum.

DEMONSTRATIO.

PEr vacuum intelligitur extensio sine substantia corporea (per def. 5.), hoc est (per propos. 2. hujus), corpus sine corpore, quod est absurdum.

Ad uberiorem autem explicationem, & ad præjudicium de va-cuo emendandum, legantur Art. 17. & 18. Part. 2. Princ. ubi præcipuè notetur, quod corpora, inter quæ nihil interjacet, ne-cessario se mutuo tangant, & etiam, quod nihili nullæ sint pro-prietates.

PRO-

PROPOSITIO IV.

Una pars corporis non majus spatium occupat unâ vice , quàm
aliâ , & contrà idem spatium unâ vice non plus corporis
continet , quàm aliâ.

DEMONSTRATIO.

SPatium & corpus in re non differunt (per Corol. prop. 2.
hujus). Ergo cum dicimus, spatium unâ vice non majus
est, quàm alia; (per Ax. 13.) simul dicimus, corpus non posse majus esse, hoc est, majus spatium occupare una vice, quam
aliâ, quòd erat primum. Porrò ex hoc, quòd spatium & corpus in re non differunt; sequitur, cum dicimus, corpus non
posse majus spatium occupare unâ vice, quàm alia, nos simul
dicere, idem spatium non plus corporis posse continere
una vice, quam alia, q. e. d.

COROLLARIUM.

Corpora, quæ aquale spatium occupant , putà aurum & aër , aque
multum materiæ , sive substantiæ corporeæ habent.

DEMONSTRATIO.

SUbstantia corporea non in duritie e. g. auri, neque in
mollitie e. g. aëris, neque in ulla sensilium qualitatum (per
propos. 1. hujus): sed in sola extensione consistit (per propos. 2. hujus). Cum autem (ex Hyp.) tantundem spatii, sive
(per def. 6.) extensionis sit in uno, quàm in alio; ergo etiam
tantundem substantiæ corporeæ, q. e. d.

G   PRO-

PROPOSITIO V.

Nullæ dantur Atomi.

DEMONSTRATIO.

ATomi sunt partes materiæ indivisibiles ex sua natura (per def. 3.): sed cùm natura materiæ consistat in extensione (per prop. 2. hujus), quæ natura sua, quantumvis parva, est divisibilis (per Ax. 9. & def. 7.); ergo pars materiæ, quantumvis parva, natura sua est divisibilis, h. e. nullæ dantur Atomi, sive partes materiæ natura sua indivisibiles, q. e. d.

SCHOLIUM.

MAgna & intricata quæstio de Atomis semper fuit. Quidam asserunt dari Atomos, ex eo, quòd infinitum non potest esse majus alio infinito; & si duæ quantitates, putà A & dupla ipsius A, sint divisibiles in infinitum, poterunt etiam potentiâ Dei, qui eorum infinitas partes uno intuitu intelligit, in infinitas partes actu dividi. Ergo, cùm, ut dictum est, unum infinitum non majus sit alio infinito, erit quantitas A æqualis suo duplo, quod est absurdum. Deinde etiam quærunt, an dimidia pars numeri infiniti sit etiam infinita; & an par sit an impar, & alia ejusmodi. Ad quæ omnia Cartesius respondit, nos non debere ea, quæ sub nostrum intellectum cadunt, ac proinde clarè & distinctè concipiuntur, rejicere propter alia, quæ nostrum intellectum aut captum excedunt; ac proinde non, nisi admodum inadæquatè, à nobis percipiuntur. Infinitum verò & ejus proprietates humanum intellectum, natura scilicet finitum, excedunt; adeoque ineptum foret id, quod clarè & distinctè de spatio concipimus, tanquam falsum rejicere, sive de eo dubitare, propterea

terea quòd non comprehendamus infinitum. Et hanc ob caufam Cartefius ea, in quibus nullos fines advertimus, qualia
funt extenfio mundi, divifibilitas partium materiæ &c. pro
indefinitis habet. Lege Art. 26. part. 1. Princip.

PROPOSITIO VI.

*Materia eft indefinite extenfa, materiaque cœli, & terræ
una eademque eft.*

DEMONSTRATIO.

1. **P***Artis.* Extenfionis, id eft (per prop. 2. hujus) materiæ
nullos fines imaginari poffumus, nifi ultrà ipfos alia
fpatia (per ax. 10.) id eft (per def. 6.) extenfionem five materiam concipiamus, & hoc indefinitè. Quod erat primum.

2. *Partis.* Effentia materiæ confiftit in extenfione (per propof. 2. hujus), eaque indefinita (per 1. partem), hoc eft (per
def. 4.) quæ fub nullis finibus ab humano intellectu percipi
poteft: ergo (per ax. 11.) non eft multiplex, fed ubique una
eademque. Quod erat fecundum.

SCHOLIUM.

HUcufque de naturâ five effentiâ extenfionis egimus.
Quod autem talis, qualem illam concipimus, à Deo
creata exiftat, propofitione ultimâ Primæ Partis demonftravimus; & ex propofit. 12. primæ Partis fequitur, nunc eandem eadem, quâ creata eft potentia, confervari. Deinde etiam eadem ultima propof. prim. Part. demonftravimus nos,
quatenus res cogitantes, unitos effe parti alicui iftius materiæ, cujus ope percipimus, dari actu omnes illas variationes,
quarum, ex fola materiæ contemplatione, eam fcimus effe
capacem, uti funt divifibilitas, motus localis, five migratio

unius

unius partis ex uno loco in alium, quam clarè & diftinctè percipimus, modò intelligamus, alias partes materiæ in locum migrantium fuccedere. Atque hæc divifio & motus infinitis modis à nobis concipiuntur, ac proinde infinitæ etiam materiæ variationes concipi poffunt. Dico, eas clarè diftinctèque à nobis concipi, quamdiu nempe ipfas, tanquam extenfionis modos; non autem tanquam res ab extenfione realiter diftinctas concipimus, ut fusè eft explicatum Princip. Part. 1. Et quamvis Philofophi alios quamplures motus finxerunt, nobis tamen nihil, nifi quod clarè & diftinctè concipimus, admittentibus, quia nullius motus, præter localem, extenfionem effe capacem, clarè & diftinctè intelligimus; nec etiam ullus alius fub noftram imaginationem cadit; nullus etiam præter localem erit admittendus.

Verùm Zeno, ut fertur, negavit motum localem, idque ob varias rationes, quas Diogenes Cynicus fuo more refutavit, deambulando fcilicet per Scholam, in qua hæc à Zenone docebantur: auditorefque illius fua deambulatione perturbando. Ubi autem fenfit, fe à quodam auditore detineri, ut ejus ambulationem impediret, ipfum increpuit, dicens, cur fic aufus es tui magiftri rationes refutare. Sed ne fortè quis per rationes Zenonis deceptus, putet fenfus aliquid, motum fcilicet, nobis oftendere, quod planè intellectui repugnet, adeo ut mens etiam circa ea, quæ ope intellectus clarè & diftinctè percipit, deciperetur; præcipuas ipfius rationes hic adferam, fimulque oftendam, eas non nifi falfis niti præjudiciis: nimirum, quia verum materiæ conceptum nullum habuit.

Primo itaque ajunt, ipfum dixiffe; quòd, fi daretur motus localis, motus corporis circulariter fumma celeritate moti non differret à quiete: Atqui hoc abfurdum, ergo & illud. Probat confequens. Illud corpus quiefcit, cujus omnia puncta affiduè manent in eodem loco: atqui omnia puncta corporis circulariter fumma celeritate moti affiduè manent in eodem loco; Ergo &c. Atque hoc ipfum dicunt explicaffe exemplo

emplo rotę, putà A B C, quæ ſi quadam celeritate circa centrum ſuum moveatur, punctum A citius per B & C abſolvet circulum, quàm ſi tardiùs moveretur. Ponatur igitur e. g. cum tardè incipit moveri poſt lapſam horam eſſe in eodem loco, à quo incepit. Quod ſi vero duplo celerius moveri ponatur, erit in loco, à quo incepit moveri, poſt lapſam dimidiam horam, & ſi quadruplo celerius poſt lapſum quadrantem, & ſi concipiamus hanc celeritatem in infinitum augeri, & tempus diminui uſque in momenta: tum punctum A in ſumma illa celeritate omnibus momentis, ſive aſſiduè erit in loco, à quo incipit moveri, atque adeo in eodem ſemper manet loco, & id, quod de puncto A intelligimus, intelligendum etiam eſt de omnibus punctis hujus rotæ; quocirca omnia puncta in ſumma illa celeritate aſſiduè manent in eodem loco.

Verùm, ut reſpondeam, venit notandum hoc argumentum magis eſſe contra ſummam motus celeritatem, quàm contra motum ipſum: attamen an rectè argumentetur Zeno, hic non examinabimus, ſed potius ipſius præjudicia, quibus tota hæc argumentatio, quatenus ea motum impugnare putat, nititur, detegemus. Primò igitur ſupponit corpora adeo celeriter poſſe concipi moveri, ut celerius moveri nequeant. Secundò tempus componi ex momentis, ſicut alii componi quantitatem ex punctis indiviſibilibus conceperunt. Quod utrumque falſum: Nam nunquam motum adeo celerem concipere poſſumus, quo ſimul celeriorem non concipiamus. Repugnat enim noſtro intellectui, motum, quantumvis parvam lineam deſcribentem, adeò celerem concipere, ut celerior non dari poſſit. Atque idem etiam locum habet in tarditate: Nam implicat concipere motum adeo tardum, ut tardior non dari poſſit. De tempore etiam, quod motus menſura eſt, idem aſſerimus, videlicet, quòd clarè repugnat noſtro intellectui

lectui

lectui concipere tempus, quo brevius non dari possit. Quæ omnia ut probemus, vestigia Zenonis sequamur. Ponamus igitur, ut ipse, Rotam A B C circa centrum tali celeritate moveri, ut punctum A omnibus momentis sit in loco A, à quo movetur. Dico me clarè concipere celeritatem hac indefinitè celeriorem, & consequenter momenta in infinitum minora. Nam ponatur, dum rota A B C circa centrum movetur, facere ope chordæ A, ut etiam alia rota D E F (quam ipsa duplo minorem pono) circa centrum moveatur. Cùm autem rota D E F duplo minor supponatur rotâ A B C; perspicuum est, rotam D E F duplo celerius moveri rotâ A B C; & per consequens punctum D singulis dimidiis momentis esse iterum in eodem loco, à quo incepit moveri. Deinde si rotæ A B C tribuamus motum rotæ D E F, tum D E F quadruplo celerius movebitur, quam antea, & si iterum hanc ultimam celeritatem rotæ D E F tribuamus rotæ A B C, tum D E F octuplo celerius movebitur, & sic in infinitum. Verùm ex solo materiæ conceptu hoc clarissimè apparet. Nam materiæ essentia consistit in extensione, sive spatio semper divisibili, ut probavimus; ac motus sine spatio non datur. Demonstravimus etiam, quod una pars materiæ non potest simul duo spatia occupare; idem enim esset, ac si diceremus, unam partem materiæ æqualem esse suo duplo, ut ex supra demonstratis patet: ergo si pars materiæ movetur, per spatium aliquod movetur, quod spatium, quantumvis parvum fingatur esse, & per consequens etiam tempus, per quod ille motus mensuratur, erit tamen divisibile, & per consequens duratio istius motus sive tempus divisibile erit, & hoc in infinitum, q. e. d.

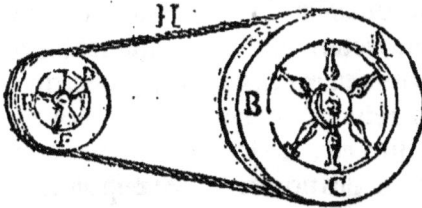

Pergamus jam ad aliud, quod ab ipso allatum dicitur sophis-

sophifma, nempe hujusmodi. Si corpus movetur, aut movetur in loco, in quo eft, aut in quo non eft. At non, in quo eft:
nam, fi alicubi eft, neceffario quiefcit. Neque etiam, in quo
non eft: Ergo corpus non movetur. Sed hæc argumentatio
eft planè fimilis priori, fupponit enim etiam dari tempus, quò
minus non detur: nam fi ei refpondeamus, corpus moveri
non in loco, fed à loco, in quo eft, ad locum, in quo non
eft; rogabit, an in locis intermediis non fuit. Si refpondeamus diftinguendo, fi per *fuit* intelligitur, *quievit*, nos negare alicubi fuiffe, quamdiu movebatur: fed fi per *fuit* intelligitur, *exftitit*, nos dicere, quòd, quamdiu movebatur, neceffario exiftebat: Iterum rogabit, ubinam exftiterit, quamdiù
movebatur. Si denuo refpondeamus, fi per illud *ubinam exftiterit*, rogare velit, *quem locum fervaverit*, quamdiu movebatur, nos dicere nullum fervaffe: fi verò *quem locum mutaverit*, nos dicere omnia, quæ affignare velit loca illius fpatii,
per quod movebatur, mutaffe: perget rogare, an eodem temporis momento locum occupare & mutare potuit. Ad quod
denique refpondemus, diftinguendo fcilicet, ipfum, fi per
temporis momentum, intelligat tale tempus, quo minus dari non poffit, rem non intelligibilem, ut fatis oftenfum eft, rogare, ideoque refponfione indignam: fi verò tempus eo fenfu,
quo fupra explicui, fumit, id eft, fuo vero fenfu, numquam
tam parvum tempus poffe affignare, quo quamvis etiam vel
indefinitè brevius ponatur, non poffet corpus locum occupare & mutare, quòd fatis attendenti eft manifeftum. Unde
clarè patet, quod fupra dicebamus, ipfum fupponere tempus tam parvum, quo minus dari non poffit, ac proinde etiam nihil probare.

Præter hæc duo aliud adhuc Zenonis circumfertur argumentum, quòd fimul cum ejus refutatione legi poteft, apud
Cartef. Epiftol. penultim. volum. prim.

Velim autem hic Lectores meos animadvertere, me rationibus Zenonis meas oppofuiffe rationes, adeoque ipfum ratione

redar-

redarguiffe; non autem fenfibus, quemadmodum Diogenes
fecit. Neque enim fenfus aliud quid veritatis inquifitori fugge-
rere poffunt, quam Naturæ Phænomena, quibus determinatur ad illorum caufas inveftigandas: non autem unquam quid,
quod intellectus clarè & diftinctè verum effe deprehendit, fal-
fum effe, oftendere. Sic enim nos judicamus, adeoque hæc
noftra eft Methodus; res, quas proponimus, rationibus clarè & diftinctè ab intellectu perceptis, demonftrare; infuper
habentes, quidquid, quod iis contrarium videtur, fenfus di-
ctent; qui, ut diximus, intellectum folummodo determinare
queunt, ut hoc potius, quam illud inquirat; non autem fal-
fitatis, cum quid clarè & diftinctè percepit, arguere.

PROPOSITIO VII.

*Nullum corpus locum alterius ingreditur, nifi fimul illud alterum
locum alicujus alterius corporis ingrediatur.*

DEMONSTRATIO.

*Vide Fig.
Prop. feq.*

SI negas, ponatur, fi fieri poteft, corpus A ingredi locum corporis B, quod fuppono ipfi A æquale, & à fuo
loco non recedere: ergo fpatium, quod tantum continebat B,
jam (per hypothef.) continet A & B: adeoque duplum fubftantiæ corporeæ, quam antea continebat, quod (per prop. 4.
hujus) eft abfurdum: Ergo nullum corpus locum alterius
ingreditur, &c. q.e.d.

PROPOSITIO VIII.

*Cum corpus aliquod locum alterius ingreditur, eodem temporis mo-
mento locus ab eo derelictus ab alio corpore occupatur, quod ipfum
immediatè tangit.*

DE-

DEMONSTRATIO.

SI corpus B movetur versus D, corpora A & C eodem temporis momento ad se invicem accedent, ac se invicem tangent, vel non. Si ad se invicem accedant & tangant, conceditur intentum. Si verò non ad se invicem accedant, sed totum spatium à B derelictum, inter A & C interjaceat, ergo corpus æquale ipsi B (per corol. propos. 2. hujus, & corol. prop. 4. hujus) interjacet. At non (per hypothes.) idem B: ergo aliud, quod eodem temporis momento ipsius locum ingreditur, & cum eodem temporis momento ingrediatur, nullum aliud potest esse, quam quod immediatè tangit, per Schol. prop. 6. hujus; ibi enim demonstravimus, nullum dari motum ex uno loco in alium, qui tempus, quo brevius semper datur, non requirat: Ex quo sequitur, spatium corporis B eodem temporis momento ab alio corpore non posse occupari, quod per spatium aliquod moveri deberet, antequam ejus locum ingrederetur. Ergo tantùm corpus, quod B immediatè tangit, eodem temporis momento illius locum ingreditur, q. e. d.

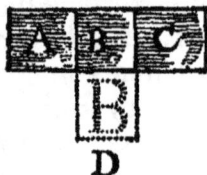

SCHOLIUM.

QUoniam partes materiæ realiter ab invicem distinguuntur, (per Art. 61, Part. 1. Princip.) una absque aliâ esse potest (per corol. propos. 7. part. 1.); nec ab invicem dependent: Quare omnia illa figmenta de Sympathiâ & Antipathiâ, ut falsa, sunt rejicienda. Porro cum causa alicujus effectus semper positiva debeat esse (per Axiom. 8. part. 1.), nunquam dicendum erit, quod corpus aliquod movetur, ne detur vacuum: sed tantum ex alterius impulsu.

H   CO-

COROLLARIUM.

In omni motu integer Circulus corporum simul movetur.

DEMONSTRATIO.

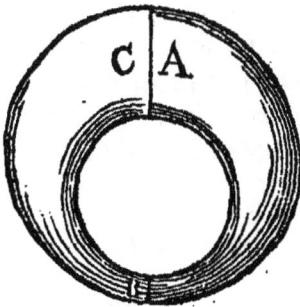

EO tempore, quo corpus 1 ingreditur locum corporis 2, hoc corpus 2, in alterius locum, puta 3, debet ingredi, & sic porro (per propof. 7. hujus): Deinde eodem temporis momento, quo corpus 1, locum corporis 2 ingrediebatur, locus, à corpore 1 derelictus, ab alio occupari debet (per prop.8. hujus) puta 8, aut aliud, quod ipsum 1 immediatè tangit; quod cum fiat ex solo impulfu alterius corporis, (per Scholium præced.) quod hic fupponitur effe 1; non poffunt omnia hæc corpora mota in eadem rectâ lineâ effe (per Axiom. 21.): fed (per definit.9.) integrum circulum deſcribunt, q. e. d.

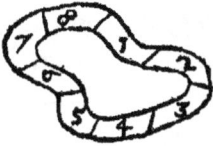

PROPOSITIO IX.

Si canalis A B C circularis fit aqua plenus, & in A fit quadruplo latior, quam in B, eo tempore, quo illa aqua (vel aliud corpus fluidum) quæ eft in A verfus B incipit moveri, aqua, quæ eft in B quadruplo celerius movebitur.

DEMONSTRATIO.

Cum tota aqua, quæ eft in A movetur verus B, debet fimul tantundem aquæ ex C, quæ A immediatè tangit, ejus locum ingredi (per propof.8. hujus): & ex B tantundem aquç locum C debebit ingredi (per eandem): ergo (per Ax.14.) quadruplo celerius movebitur, q. è. d.

Id, quod de circulari canali dicimus,

cimus, etiam est intelligendum de omnibus inæqualibus spatiis, per quæ corpora, quæ simul moventur, coguntur transire; demonstratio enim in cæteris eadem erit.

L E M M A.

Si duo Semicirculi ex eodem centro describantur, ut A & B: spatium inter peripherias erit ubique æquale: Si verò ex diversis centris describantur, ut C & D, spatium inter peripherias erit ubique inæquale. Demonstratio patet ex solâ definitione circuli.

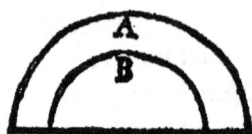

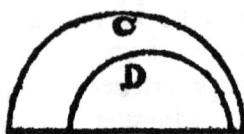

PROPOSITIO X.

Corpus fluidum, quod per Canalem A B C movetur, accipit indefinitos gradus celeritatis.

Vide Fig. Propos. præced.

DEMONSTRATIO.

Spatium inter A & B est ubique inæquale (per lemm. præc.); ergo (per propos. 9. hujus) celeritas, quâ corpus fluidum per canalem A B C movetur, erit ubique inæqualis. Porro, cum inter A & B indefinita spatia semper minora atque minora cogitatione concipiamus (per prop. 5. hujus:) etiam ipsius inæqualitates, quæ ubique sunt, indefinitas concipiemus, ac proinde (per propos. 9. hujus) celeritatis gradus erunt indefiniti, q. e. d.

PROPOSITIO XI.

In materia, quæ per canalem A B C fluit, datur divisio in particulas indefinitas.

Vide Fg. Propos. 9.

H 2   D E-

DEMONSTRATIO.

MAteria, quæ per canalem ABC fluit, acquirit simul indefinitos gradus celeritatis (per prop. 10. hujus), ergo
(per ax. 16.) habet indefinitas partes reverâ divisas, q. e. d.
Lege Art. 34. & 35. Part. 2. Princip.

SCHOLIUM.

HUcusque egimus de natura motus; oportet jam, ut ejus
causam inquiramus, quæ duplex est, primaria scilicet
sive generalis, quæ causa est omnium motuum, qui sunt in
mundo; & particularis, à qua fit, ut singulæ materiæ partes motus, quos prius non habuerunt, acquirant. Ad generalem quod attinet, cum nihil sit admittendum (per propos. 14. part. 1. & Schol. prop. 17. ejusd. part.), nisi quod clarè & distinctè percipimus, nullamque aliam causam præter
Deum (materiæ scilicet creatorem) clarè & distinctè intelligamus, manifestè apparet, nullam aliam causam generalem
præter Deum esse admittendam. Quod autem hic de motu
dicimus, etiam de quiete intelligendum venit.

PROPOSITIO XII.

Deus est causa principalis motus.

DEMONSTRATIO.

Inspiciatur Scholium proxime præcedens.

PROPOSITIO XIII.

Eandem quantitatem motus & quietis, quam Deus semel materiæ
impressit, etiamnum suo concursu conservat.

DE-

DEMONSTRATIO.

CUm Deus sit causa motus & quietis (per propos. 12. hujus): etiamnum eádem potentia, quâ eos creavit, conservat (per ax. 10. part. 1.); & quidem eádem illâ quantitate, quâ eos primo creavit, (per corollar. prop. 20. part. 1.) q. e. d.

SCHOLIUM.

I. QUamvis in Theologiâ dicatur, Deum multa agere ex beneplacito, & ut potentiam suam hominibus ostendat; tamen cum ea, quæ à solo ejus beneplacito pendent, non nisi divinâ revelatione innotescant, ista in Philosophiâ, ubi tantùm in id, quod ratio dictat inquiritur, non erunt admittenda, ne Philosophia cum Theologiâ confundatur.

II. Quamvis motus nihil aliud sit in materiâ motâ, quàm ejus modus, certam tamen & determinatam habet quantitatem, quæ quomodo intelligenda veniat, patebit ex sequentibus. Lege Art. 36. Part. 2. Princ.

PROPOSITIO XIV.

Unaquaque res, quatenus simplex & indivisa est, & in se solâ consideratur, quantùm in se est, semper in eodem statu perseverat.

Propositio hæc multis tanquam axioma est, eam tamen demonstrabimus.

DEMONSTRATIO.

CUm nihil sit in aliquo statu, nisi ex solo Dei concursu (per prop. 12. part. 1.); & Deus in suis operibus sit summè constans (per corol. propos. 20. part. 1.): si ad nullas causas externas, particulares scilicet attendamus, sed rem in se sola consideremus, affirmandum erit, quod illa, quantum in se est, in statu suo, in quo est, semper perseverat, q. e. d.

CO-

COROLLARIUM.

Corpus, quod femel movetur, femper moveri pergit, nifi à caufis externis retardetur.

DEMONSTRATIO.

Patet hoc ex prop. præc: attamen ad præjudicium de motu emendandum. Lege Art. 37. & 38. Part. 2. Princip.

PROPOSITIO XV.

Omne corpus motum ex fe ipfo tendit, ut fecundum lineam rectam, non vero curvam pergat moveri.

Hanc propofitionem, inter axiomata numerare liceret, eam tamen ex præcedentibus fic demonftrabo.

DEMONSTRATIO.

MOtus, quia Deum tantum (per propof. 12. hujus) pro caufa habet, nullam unquam ex fe vim habet ad exiftendum (per axiom. 10. part. 1.) : fed omnibus momentis à Deo quafi procreatur (per illa quæ demonftrantur, circa axioma jam citatum). Quapropter, quamdiu ad folam motus naturam attendimus, nunquam ipfi durationem tribuere poterimus, tanquam ad ejus naturam pertinentem, quæ major alia poteft concipi. At fi dicatur, ad naturam alicujus corporis moti pertinere, ut lineam curvam aliquam fuo motu defcribat, magis diuturnam durationem motus naturæ tribueretur, quam ubi fupponitur, de corporis moti natura effe, tendere ut moveri pergat fecundum lineam rectam (per ax. 17.). Cum autem (ut jam demonftravimus) talem durationem motus naturæ tribuere non poffumus; ergo neque etiam ponere, quod de corporis moti naturâ fit, ut fecundum ullam lineam curvam, fed tantum ut fecundum rectam moveari pergat, q. e. d.

SCHO-

SCHOLIUM.

HÆc Demonstratio videbitur forsan multis non magis ostendere, ad naturam motus non pertinere, ut lineam curvam, quàm ut lineam rectam describat: Idque propterea quod nulla possit assignari recta, quà minor sive recta sive curva non detur: neque ulla curva, qua etiam alia curva minor non detur. Attamen, quamvis hæc considerem, demonstrationem nihilominus recte procedere judico: quandoquidem ipsa ex sola universali essentia, sive essentiali differentia linearum; non vero ex uniuscujusque quantitate, sive accidentali differentia, id, quod demonstrandum proponebatur, concludit. Verùm ne rem per se satis claram demonstrando obscuriorem reddam, Lectores ad solam motus definitionem remitto, quæ nihil aliud de motu affirmat, quam translationem unius partis materiæ ex vicinia &c. in viciniam aliorum, &c. Ideoque nisi hanc translationem simplicissimam concipiamus, hoc est, eam secundum lineam rectam fieri; motui aliquid affingimus, quod in ejus definitione, sive essentia non continetur: adeoque ad ejus naturam non pertinet.

COROLLARIUM.

Ex propositione hac sequitur omne corpus, quod secundum lineam curvam movetur, continuo à linea, secundum quam ex se pergeret moveri, deflectere; idque vi alicujus causæ externæ (per propos. 14. hujus.)

PROPOSITIO XVI.

Omne corpus quod circulariter movetur, ut lapis ex. gr. in fundâ, continuo determinatur, ut secundum tangentem pergat moveri.

DE-

DEMONSTRATIO.

Corpus, quod circulariter movetur, continuo à vi externa impeditur, ne secundam lineam rectam pergat moveri (per corol. præcedentis): qua cessante corpus ex se perget secundum lineam rectam moveri (per propos. 15.). Dico præterea corpus, quod circulariter movetur, à causa externa determinari, ut secundum tangentem pergat moveri. Nam, si negas, ponatur lapis in B à funda ex. g. non secundum tangentem BD determinari, sed secundum aliam lineam ab eodem puncto extra, aut

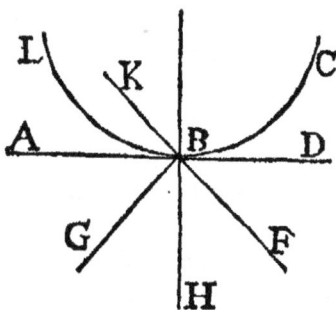

intra circulum conceptam, ut B F, quando funda ex parte L versus B venire supponitur, aut secundum B G (quam intelligo cum linea B H, quæ à centro ducitur per circumferentiam, eamque in puncto *B* secat, angulum constituere æqualem angulo F B H), si contra supponatur funda ex parte C versus B venire. At, si lapis in puncto B supponatur à funda, quæ ab L versus *B* circulariter movetur, determinari, ut versus F pergat moveri: necessario (per ax. 18.) ubi funda contraria determinatione à C versus B movetur, determinabitur, ut secundum eandem lineam B F contraria determinatione pergat moveri, ac proinde versus K non vero versus G tendet, quod est contra hypothesin. Et cum nulla linea, quæ per punctum B potest duci, præter tangentem statui possit, cum linea B H angulos ad eandem partem, ut D B H, & A B H, æquales efficiens: nulla præter tangentem datur, quæ eandem hypothesin servare potest, sive funda ab L versus *B*, sive à C versus B moveatur, ac proinde nulla præter tangentem statuenda est, secundum quam tendit moveri, q. e. d.

Patet ex prop. 18. & 19. lib. 3. Elem.

ALI-

ALITER.

Concipiatur, loco circuli, Hexagonum A B H circulo inscriptum, & corpus C in uno latere A B quiescere: deinde concipiatur regula D B E (cujus unam extremitatem in centro D fixam, alteram vero mobilem suppono) circa centrum D moveri, secans continuo lineam AB. Patet, quod si regula D B E, dum ita concipitur moveri, corpori C occurrat eo tempore, quo lineam A B ad angulos rectos secat, ipsa regula corpus C suo impulsu determinabit, ut secundum lineam F B A G, versus G pergat moveri, hoc est, secundum latus A B indefinitè productum. Verum quia Hexagonum ad libitum assumsimus, idem erit affirmandum de quâcumque aliâ figurâ, quam huic circulo concipimus posse inscribi: Nempe quod, ubi corpus C, in uno figuræ latere quiescens, à regula D B E impellitur eo tempore, quo ipsa latus illud ad angulos rectos secat; ab illa regula determinabitur, ut secundum illud latus indefinitè productum pergat moveri. Concipiamus igitur, loco Hexagoni, figuram rectilineam infinitorum laterum (hoc est, circulum ex def. Archimedis): patet regulam D B E, ubicunq; corpori C occurrat, ipsi semper occurrere eo tempore, quo aliquod talis figuræ latus ad angulos rectos secat, adeoque nunquam ipsi

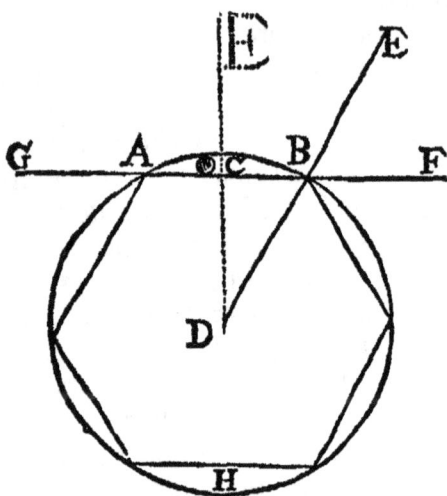

I   corpo-

corpori C occurret, quin ipfum fimul determinabit, ut fecundum illud latus indefinitè productum pergat moveri.
Cumq; quodlibet latus ad utramvis partem productum, femper extra figuram cadere debeat; erit hoc latus indefinitè productum tangens figuræ infinitorum laterum, hoc eft, circuli.
Si itaque loco regulæ concipiamus fundam circulariter motam, hæc lapidem determinabit, ut fecundum tangentem
pergat moveri, q. e. d.

Notandum hic eft, utramque hanc demonftrationem poffe ac-
commodari quibuslibet figuris curvilineis.

PROPOSITIO XVII.

Omne corpus, quod circulariter movetur, conatur recedere
à centro circuli, quem defcribit.

DEMONSTRATIO.

QUamdiu aliquod corpus circulariter movetur, tamdiu
cogitur ab aliquá causâ externâ, qua ceffante fimul pergit moveri fecundum lineam tan-
gentem (per præced.), cujus omnia puncta præter id, quod circulum tangit, extra circulum cadunt (per prop. 16. lib. 3. El.) ac
proinde longius à centro diftant:
Ergo, cum lapis, qui circulariter
movetur in funda E A, eft in puncto A, conatur pergere fecundum
lineam, cujus omnia puncta longius diftant à centro E, quàm omnia puncta circumferentiæ L A B,
quod nihil aliud eft, quam rece-
dere conari à centro circuli, quem defcribit, q. e. d.

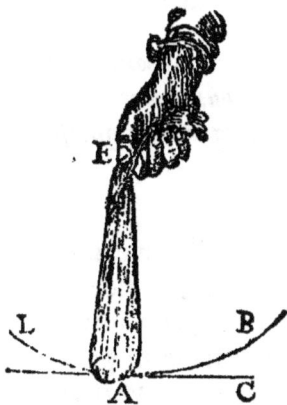

PRO-

PROPOSITIO XVIII.

Si corpus aliquod, putà A, versus aliud corpus quiescens B moveatur, nec tamen B propter impetum corporis A aliquid suæ quietis amittat, neque etiam A sui motus aliquid amittet; sed eandem quantitatem motus, quam antea habebat, prorsus retinebit.

DEMONSTRATIO.

SI negas, ponatur corpus A perdere de suo motu, nec tamen id, quod perdidit, in aliud transferre, putà in B; dabitur in natura, cum id contingit, minor quantitas motus, quam antea, quod est absurdum (per prop. 13. hujus). Eodem modo procedit Demonstratio respectu quietis in corpore B, quare, si unum in aliud nihil transferat, B omnem suam quietem, & A omnem suum motum retinebit, q. e. d.

PROPOSITIO XIX.

Motus, in se spectatus, differt à sua determinatione versus certam aliquam partem; neque opus est, corpus motum, ut in contrariam partem feratur sive repellatur, aliquamdiu quiescere.

DEMONSTRATIO.

POnatur, ut in præced. corpus A versus B moveri, & à corpore B impediri, ne ulterius pergat; ergo (per præced.) A suum integrum motum retinebit; nec quantumvis minimum spatium temporis quiescet: attamen, cum pergat moveri, non movetur versus eandem partem, versus quàm prius movebatur; supponitur enim à B impediri, ergo motu suo integro remanente, atque determinatione priore amissa

versus

versus contrariam movebitur partem (per illa, quæ cap. 2.
Diopt: dicta sunt); ideoque (per ax. 2.) determinatio ad essentiam motus non pertinet, sed ab ipsa differt, nec corpus
motum, cum repellitur, aliquamdiu quiescit. q. e. d.

COROLLARIUM.

Hinc sequitur motum non esse motui contrarium.

PROPOSITIO XX.

*Si corpus A corpori B occurrat, & ipsum secum rapiat; tantum
motus, quantum B propter occursum A ab ipso A acquirit, de
suo motu A amittet.*

DEMONSTRATIO.

SI negas, ponatur B plus aut minus motus ab A acquirere, quam A amittit; tota illa differentia erit addenda vel
subtrahenda quantitati motus totius na-
turæ, quod est absurdum (per propos. 13.
hujus). Cum ergo neque plus neque
minus motus corpus B possit acquirere; tantum ergo acqui-
ret, quantum A amittet, q. e. d.

PROPOSITIO XXI.

*Vid. Fig.
prop. I rac.*

*Si corpus A duplo majus sit, quam B, & æquè celeriter movea-
tur; habebit etiam A duplo majorem motum, quam B, sive vim
ad æqualem celeritatem cum B retinendam.*

DEMONSTRATIO.

POnatur e. g. loco A bis B, id est (ex hyp.) unum A in duas
æquales partes divisum, utrumque B habet vim ad ma-
nendum in statu, in quo est (per prop. 14. hujus), eaque vis
in utroque (ex hyp.) est æqualis: si jam hæc duo B jungan-
tur,

tûr, fuam celeritatem retinendo, fiet unum A, cujus vis &
quantitas erit æqualis duobus B five dupla unius B, q. c. d.

Nota, hoc ex folâ motus definitione etiam fequi; quo enim cor-
pus, quod movetur, majus eft, eo plus materiæ datur, quæ ab alia fe-
paratur : daturque igitur plus feparationis, hoc eft, (per defin. 8.)
plus motus. Vide quæ 4°. notavimus circa motus definitionem.

PROPOSITIO XXII.

Si corpus A æquale fit corpori B, & A duplo celerius, quàm B Vid. Fig.
moveatur, vis five motus in A, erit duplus ipfius B. Propof. 10

DEMONSTRATIO.

POnatur B, cum primo certam vim fe movendi acquifivit,
acquifiviffe quatuor gradus céleritatis. Si jam nihil accedat, perget moveri (per propof. 14. hujus) & in fuo ftatu
perfeverare : fupponatur denuo novam aliam vim acquirere
ex novo impulfu priori æqualem, quapropter iterum acqui-
ret ultra quatuor priores, alios quatuor gradus celeritatis, quos
etiam (per eand. propof.) fervabit, hoc eft, duplo celerius,
hoc eft, æque celeriter ac A movebitur, & fimul duplam
habebit vim, hoc eft, æqualem ipfi A, quare motus in A eft
duplus ipfius B, q. e. d.

Nota, nos hic per vim in corporibus motis, intelligere quanti-
tatem motus, quæ quantitas in æqualibus corporibus pro celeritate
motus major effe debet, quatenus ea celeritate corpora æqualia, à
corporibus immediatè tangentibus magis eodem tempore feparantur,
quam fi tardius moverentur : adeoque (per definit. 8.) plus motus
etiam habent : In quiefcentibus autem per vim refiftendi intelligere
quantitatem quietis. Ex quibus fequitur

COROLLARIUM I.

Quo corpora tardius moventur, eo magis de quiete participant :
I 3 cor-

corporibus enim celerius motis, quæ ipſis occurrunt, & minorem, quam ipſa, vim habent, magis reſiſtunt, & etiam minus à corporibus immediatè tangentibus ſeparantur.

COROLLARIUM II.

Si corpus A duplo celerius moveatur, quam corpus B & B duplo majus ſit, quam A, tantundem motus eſt in B majori, quam in A minori, ac proinde etiam æqualis vis.

DEMONSTRATIO.

SIt B duplo majus, quam A, & A duplo celerius moveatur, quam B, & porro C duplo minus ſit, quam B, & duplo tardius moveatur, quam A: ergo B (per propoſ. 21. hujus) duplo majorem habebit motum, quam C, & A (per prop. 22. hujus) duplo majorem motum habebit, quam C: ergo (per axiom. 15.) B & A æqualem motum habent, eſt enim utriuſque motus ejuſdem tertii C duplus, q. e. d.

COROLLARIUM III.

EX his ſequitur, *motum à celeritate diſtingui.* Concipimus enim corporum, quæ æqualem habent celeritatem, unum plus motus habere poſſe, quam aliud (per propoſ. 21. hujus): & contra, quæ inæqualem habent celeritatem, æqualem motum habere poſſe (per corol. præced.) Quod idem etiam ex ſolâ motus definitione colligitur: nihil enim aliud eſt, quam tranſlatio unius corporis ex vicinia &c.

Verum hic notandum, Corollarium hoc tertium primo non repugnare: Nam celeritas duobus modis à nobis concipitur, vel quatenus corpus aliquod magis, aut minus eodem tempore à corporibus illud immediatè tangentibus ſeparatur, & catenus motus vel quietis plus vel minus participat, vel quatenus eodem tempore majorem vel minorem lineam deſcribit, & eatenus à motu diſtinguitur.

Potuiſ-

Potuiſſem hic alias propoſitiones adjungere ad uberiorem explica-
tionem Propoſitionis 14 *hujus partis, & vires rerum in quocunque*
ſtatu, ſicut hic circa motum fecimus, explicare: ſed ſufficiet Art.
43. *Part.* 2. *Princip. perlegere, & tantum unam propoſitionem an-*
nectere, quæ neceſſaria eſt ad ea, quæ ſequentur intelligenda.

PROPOSITIO XXIII.

Cum modi alicujus corporis variationem pati coguntur, illa variatio
ſemper erit minima, quæ dari poteſt.

DEMONSTRATIO.

Satis clarè ſequitur hæc Propoſitio ex propoſ. 14. hujus.

PROPOSITIO XXIV. *Reg.* 1.

Si duo corpora, puta A & B *eſſent planè æqualia, & in directum,* *Vid. Fig.*
verſus ſe invicem æquè velociter moverentur; cum ſibi mutuo *Prop. 20.*
occurrunt, utrumque in contrariam partem reflectetur nullà ſuâ
celeritatis parte amiſſâ.

    In hac hypotheſi clarè patet, quod, ut horum duorum
corporum contrarietas tollatur, vel utrumque in contrariam
partem reflecti, vel unum alterum ſecum rapere debeat;
nam quoad determinationem tantum, non verò quoad motum ſibi ſunt contraria.

DEMONSTRATIO.

Cum A & B ſibi mutuo occurrunt, aliquam variationem
pati debent (per ax. 19.): cum autem motus motui non
ſit contrarius (per corol. propoſ. 19. hujus), nihil ſui motus
amittere cogentur (per ax. 19.): Quam ob rem in ſolâ determinatione fiet mutatio: ſed unius determinationem tantum,
puta B, non poſſumus concipere mutari, niſi A, à quo mutari
debe-

deberet, fortius esse supponamus (per ax. 20.). At hoc esset contra hypothesin : ergo cum mutatio determinationis in uno tantum fieri non possit ; fiet in utroque, deflectentibus scilicet A & B in contrariam partem (per illa, quæ cap. 2. Dioptric. dicta sunt), & motum suum integrum retinentibus, q. e. d.

PROPOSITIO XXV. *Reg.* 2.

Vid. Fig.
prop. 27.
Si mole essent inæqualia, B nempe majus, quam A, cæteris ut prius positis, tunc solum A reflectetur, & utrumque eâdem celeritate perget moveri.

DEMONSTRATIO.

CUm A supponatur minus, quam B, habebit etiam (per propos. 21. hujus) minorem vim, quam B, cum autem in hac hypothesi, ut in præcedenti, detur contrarietas in solâ determinatione, adeoque, ut in prop. præced. demonstravimus, in solâ determinatione variatio fieri debeat : fiet tantum in A, & non in B (per ax. 20.): quare A tantum in contrariam partem à fortiori B reflectetur, suam integram celeritatem retinendo, q. e. d.

PROPOSITIO XXVI.

Vid. Fig.
prop. 27.
Si mole & celeritate sint inæqualia, B nempe duplo majus, quam A; motus vero in A duplo celerior, quam in B, cæteris ut prius positis, ambo in contrariam partem reflectentur, unoquoque suam, quam habebant, celeritatem retinente.

DEMONSTRATIO.

CUm A & B versus se invicem moventur, secundum hypothesin ; tantundem motus est in uno, quam in alio (per corol. 2. propos. 22. hujus): quare motus unius motui alterius

non

non contrariatur (per corol. prop. 19. hujus), & vires in utroque sunt æquales (per corol 2. propos. 22. hujus): quare hæc
hypothesis prorsus est similis hypothesi Propositionis 24 hujus: adeoque per ejusdem demonstrationem A & B in contrariam partem, suum motum integrum retinendo, reflectentur,
q. e. d.

COROLLARIUM.

Ex tribus hisce præcedentibus Propositionibus clarè apparet, quòd determinatio unius corporis æqualem vim requirat, ut mutetur, quam motus: unde sequitur, corpus, quod
plus, quam dimidium suæ determinationis, & plus, quam dimidiam partem sui motus amittit, plus mutationis pati, quam
id, quod totam suam determinationem amittit.

PROPOSITIO XXVII. *Reg.* 4.

Si mole sint æqualia, sed B tantillo celerius moveatur, quam A,
non tantum A in contrariam partem reflectetur; sed etiam B di-
midiam partem celeritatis, quâ A excedit, in A transferet &
ambo æquè celeriter pergent moveri versus eandem partem.

DEMONSTRATIO.

A (ex hyp.) non tantum sua determinatione opponitur
B, sed etiam suâ tarditate, quatenus illa de quiete participat (per corol. prop. 22. hujus): un-
de quamvis in contrariam partem refle-
ctatur, & sola determinatio mutetur, non
ideo tollitur omnis horum corporum contrarietas: quare (per
ax. 19.) & in determinatione & in motu variatio fieri debet:
sed cum B ex hypothesi celerius, quam A moveatur, erit B
(per propos. 22. hujus) fortius, quam A, quare (per ax. 20.)
mutatio in A à B procedet, àquo in contrariam partem reflectetur, quod erat primum.

K   Dein-

Deinde quamdiu tardius, quam B, movetur, ipsi B (per corol. 1. propof. 22. hujus) opponitur: ergo tamdiu variatio fieri debet (per ax. 19.), donec non tardius, quam B moveatur. Ut autem celerius, quam B, moveatur, à nulla caufa adeo forti in hac hypothefi cogitur; cum igitur neque tardius, quam B, moveri poffit, cum à B impellatur, neque celerius, quam B, æquè ergo celeriter, ac B, perget moveri. Porro fi B minus, quam dimidiam partem exceffus celeritatis in A transferat, tunc A tardius, quam B perget moveri: Si vero plus, quam dimidiam partem, tunc A celerius, quam B perget moveri; quod utrumque abfurdum eft, ut jamjam demonftravimus; ergo variatio eoufque continget, donec B dimidiam partem exceffus celeritatis in A tranftulerit, quam B (per propof. 20. hujus) amittere debet, adeoque ambo æque celeriter fine ullâ contrarietate pergent moveri verfus eandem partem, q. e. d.

COROLLARIUM.

HInc fequitur, quò corpus aliquod celerius movetur, eò magis determinatum effe, ut, fecundum quam lineam movetur, moveri pergat: & contrà, quò tardius, eo minus determinationis habere.

SCHOLIUM.

NE hic Lectores vim determinationis cum vi motus & quietis confundant, vifum fuit pauca adjungere, quibus vis determinationis à vi motus diftincta explicetur. Si igitur corpora A & C æqualia, & æquali celeritate verfus fe invicem in directum mota concipiantur; hæc duo (per prop. 24. hujus) in contrariam partem, fuum motum integrum retinendo, reflectentur: Verum fi corpus C fit in B, & obliquè verfus A moveatur, perfpicuum eft, ipfum jam minus determinatum

minatum effe, ad fe movendum fecundum lineam B D, vel C A,
quare quamvis æqualem cum A habeat motum, tamen vis determinationis C, in directum verfus A moti, quæ æqualis eft
cum vi determinationis corpo- ris A, major eft vi determinationis ipfius C, ex B verfus A moti, & tantò major, quantò linea B
A major eft linea C A: quantò enim linea B A major eft linea C
A; tantò etiam plus temporis (ubi B, & A æque celeriter, ut
hic fupponuntur, moventur) requirit B, ut fecundum lineam
B D, vel C A, per quam determinationi corporis A contrariatur, moveri poffit: adeoque, ubi C obliquè ex B ipfi A occurrit,
determinabitur, ac fi fecundum lineam A B verfus B (quod
fuppono, ubi in eo puncto eft, quo linea A B lineam B C pro-
ductam fecat, æque diftare a C ac C diftat a B) pergeret moveri; A verò, fuum integrum motum, & determinationem
retinendo, perget verfus C moveri, corpufque B fecum pellet,
quandoquidem B, quamdiu fecundum diagonalem A B ad motum determinatum eft, & æquali cum A celeritate movetur, plus
temporis requirit, quam A, ut aliquam partem lineæ A C fuo
motu defcribat, & eatenus determinationi corporis A, quæ
fortior eft, opponitur. Sed ut vis determinationis ipfius C
ex B verfus A moti, quatenus de linea C A participat, æqualis fit cum vi determinationis ipfius C in directum verfus A moti, (vel ex hyp. ipfius A) neceffario B tot gradus motus fupra A debebit habere, quot partibus linea B A major eft linea
C A, tumque, ubi corpori A obliquè occurrit, A in contrariam
partem verfus A & B verfus B, unoquoque fuum integrum motum retinente, reflectentur. Verum, fi exceffus B fupra A major fit, quam exceffus lineæ B A fupra lineam C A, tum B repellet A verfus A, eique tantum fui motus tribuet, donec motus B ad motum A fe habeat, ut linea B A ad lineam C A, &

tantum

tantum motus, quantum in *A* tranſtulit, amittendo, perget
verſus quam prius movebatur partem, moveri. Ex.gr. ſi linea
A C ſit ad lineam *A* B,ut 1 ad 2,& motus corporis *A* ad motum
corporis B ut 1 ad 5, tum B transferet in *A* unum gradum ſui
motus, ipſumque in contrariam partem repellet, & B cum quatuor reſiduis gradibus perget verſus eandem partem, verſus
quam prius tendebat, moveri.

PROPOSITIO XXVIII. *Reg.* 4.

Vid. Fig.
prop. 27.

Si corpus A plane quieſceret, eſſetque paulò majus, quam B; quacun-
que cum celeritate B moveatur verſus A, nunquam ipſum A mo-
vebit; ſed ab eo in contrariam partem repelletur, ſuum integrum
motum retinendo.

Nota, horum corporum contrarietatem tolli tribus modis, vel ubi unum alterum ſecum rapit, & poſtea æquè celeriter verſus eandem partem pergunt moveri; vel ubi unum in contrariam partem reflectitur, & alterum ſuam integram
quietem retinet; vel ubi unum in contrariam partem reflectitur, & aliquid ſui
motus in aliud quieſcens transfert; quartus autem caſus non datur (ex vi prop.
13. hujus) : jam igitur erit (per prop. 23. hujus) demonſtrandum, quod ſecundum noſtram hypotheſin minima mutatio in hiſce corporibus contingit.

DEMONSTRATIO.

SI B moveret *A*, donec eadem celeritate pergerent ambo
moveri, deberet (per propoſ. 20. hujus) tantum ſui motus in *A* transferre, quantum *A* acquirit,&(per propoſ. 21. hujus)plus quam dimidiam partem ſui motus deberet amittere,
& conſequenter(per corol. propoſ. 27. hujus)plus etiam,quam
dimidiam partem ſuæ determinationis, adeoque (per corol.
propoſ. 26. hujus)plus mutationis pateretur, quam ſi tantum
ſuam determinationem amitteret;& ſi *A* ſuæ quietis aliquid a-
mittat, ſed non tantum, ut tandem cum B æquali celeritate,
pergat moveri, tum contrarietas horum duorum corporum non
tolletur, nam A ſua tarditate, quatenus illa de quiete participat (per corol. 1.propoſ. 22. hujus) celeritati B contraria-
bitur, ideoque *B* adhuc in contrariam partem reflecti debebit,
totamque ſuam determinationem & partem ipſius motus,quem
in A tranſtulit, amittet, quæ etiam major eſt mutatio, quam

ſi

si solam determinationem amitteret : mutatio igitur secundum nostram hypothesin, quoniam in solâ determinatione est, minima erit, quæ in hisce corporibus dari potest, ac proinde (per prop. 23. hujus) nulla alia continget, q. e. d.

Notandum in demonstratione hujus Propositionis, quod idem etiam in aliis locum habet : nempe nos non citasse propos. 19. hujus, in quâ demonstratur, determinationem integram mutari posse, integro nihilominus manente ipso motu : *Ad quam tamen attendi debet, ut vis demonstrationis rectè percipiatur : Nam in prop. 23. hujus non dicebamus,* quod variatio semper erit absolute minima ; sed minima, quæ dari potest. *Talem autem mutationem, quæ in solâ determinatione consistit, posse dari, qualem in hac demonstratione supposuimus, patet ex Propos. 18. & 19. hujus cum Coroll.*

PROPOSITIO XXIX. *Reg.* 5.

Si corpus quiescens A esset minus, quam B, tum quantumvis B tar- Vid. Fig. *de versus A moveretur, illud secum movebit, partem scilicet sui* t Propos. 30, *motus ei talem transferendo, ut ambo postea æquè celeriter moveantur. (Lege Art. 50. Part. 2. Princip.)*

In hac Regula etiam, ut in præc. tres tantum casus concipi possent, quibus contrarietas hæc tolleretur : nos verò demonstrabimus, quod secundum nostram hypothesin minima mutatio in hisce corporibus contingit ; ideoque (per propos. 23. hujus) talimodo etiam variari debent.

DEMONSTRATIO.

SEcundum nostram hypothesin B transfert in A (per propos. 21. hujus) minus, quam dimidiam partem sui motus, & (per corol. propos. 17. hujus) minus quam dimidiam partem suæ determinationis. Si autem B non raperet secum A; sed in contrariam partem reflecteretur, totam suam determinationem amitteret, & major contingeret variatio (per corol. propos. 26. hujus) : & multo major, si totam suam determinationem amitteret, & simul partem ipsius motus, ut in tertio casu supponitur, quare variatio secundum nostram hypothesin est minima, q. e. d.

K 3 PRO-

PROPOSITIO XXX. *Reg. 6.*

Si corpus A quiescens esset accuratissimè æquale corpori B versus il-
lud moto, partim ab ipso impelleretur, partim ab ipso in contra-
rium partem repelleretur.

Hic etiam, ut in præcedente, tantum tres casus concipi
possent : adeoque demonstrandum erit, nos hic ponere
minimam variationem, quæ dari potest.

DEMONSTRATIO.

SI corpus *B* secum corpus *A* rapiat, donec ambo æque celeriter pergunt moveri, tum tantundem motus erit in uno
atque in alio (per propos. 22. hujus), &
(per corol. propos. 27. hujus) dimidiam
partem determinationis amittere debe-
bit, & etiam (per prop. 20. hujus) dimidiam partem sui motus. Si vero ab *A* in contrariam partem repellatur, tum totam suam determinationem amittet, & totum suum motum retinebit (per propos. 18. hujus); quæ variatio æqualis est
priori (per corol. propos. 26. hujus) : sed neutrum horum
contingere potest, nam si *A* statum suum retineret, & determinationem ipsius *B* mutare posset, esset necessario (per
ax. 20.) ipso *B* fortius, quod esset contra hypothesin. Et
si *B* secum raperet *A*, donec ambo æque celeriter moverentur, *B* esset fortius, quam *A*, quod etiam est contra hypothesin. Cum igitur neutrum horum casuum locum habeat,
continget ergo tertius, nempe quod *B* paulum impellet *A* &
ab *A* repelletur, q. e. d. Lege Art. 51. Part. 2. Princip.

PROPOSITIO XXXI. *Reg. 7.*

Vid. Fig.
prop. præc. *Si B & A versus eandem partem moverentur, A quidem tardius, B*
autem illud insequens celerius, ita ut ipsum tandem attingeret, es-
setque A majus, quam B ; sed excessus celeritatis in B esset major,
quam

quam exceſſus magnitudinis in A ; tum B transferet tantum de ſuo motu in A , ut ambo poſtea æque celeriter, & in eaſdem partes progrediantur. Si autem econtra exceſſus magnitudinis in A eſſet major, quam exceſſus celeritatis in B ; in contrariam partem ab ipſo reflecteretur, motum omnem ſuum retinendo.

Lege Art. 52. Part. 2. Princ. Hic iterum, ut in præced. tres tantum caſus concipi poſſunt.

DEMONSTRATIO.

PRimæ partis. B in contrariam partem ab A, quo (per propoſ. 21. & 22. hujus) fortius ſupponitur, reflecti non poteſt (per ax. 20.); ergo, cum ipſum B ſit fortius, movebit ſecum A , & quidem tali modo, ut æquali celeritate pergant moveri: tum enim minima mutatio continget, ut ex præced. facilè apparet.

Secundæ partis. B non poteſt A, quò minus forte (per propoſ. 21. & 22. hujus) ſupponitur, impellere (per ax. 20.); nec aliquid de ſuo motu ipſi dare; quare (per coroll. propoſ. 14. hujus) B totum ſuum motum retinebit, non verſus eandem partem, ſupponitur enim ab A impediri: Ergo (per illa, quç cap. 2. Diopt. dicta ſunt) in contrariam partem reflectetur, ſuum integrum motum retinendo (per prop. 18. hujus) q. e. d.

Nota, quod hic & in præcedentibus Propoſitionibus tanquam demonſtratum aſſumpſimus, omne corpus in directum alii occurrens, à quo abſolutè impeditur, ne ulterius eandem partem verſus progrediatur, in contrariam, non vero in ullam aliam partem reflecti debere: quod ut intelligatur, lege cap. 2. Dioptr.

SCHOLIUM.

HUcuſque ad mutationes corporum, quæ ex mutuo impulſu fiunt, explicandas conſideravimus duo corpora, tanquam ab omnibus corporibus diviſa; nullá nempe habitá

ratio-

ratione corporum, ea undequaque cingentium. Jam vero
ipsorum statum & mutationes considerabimus pro ratione
corporum, à quibus undequaque cinguntur.

PROPOSITIO XXXII.

Si corpus B undequaque cingatur à corpusculis motis, ipsum æquali
vi versus omnes partes simul pellentibus, quamdiu nulla alia cau-
sa occurrit, in eodem loco immotum manebit.

DEMONSTRATIO.

PEr se patet hæc propositio: si enim versus aliquam partem,
ex impulsu corpusculorum ab una parte venientium, moveretur, corpuscula, quæ illud movent, majori vi pellerent,
quam alia, quæ illud eodem tempore in contrariam partem
pellunt, & suum effectum sortiri nequeunt (per ax.29.): quod
esset contra hypothesin.

PROPOSITIO XXXIII.

Corpus B, iisdem, ut supra positis, vi quantumvis parvâ adven-
titia, versus quamcunque partem moveri potest.

DEMONSTRATIO.

OMnia corpora B immediatè tangentia, quia (ex hyp.)
in motu sunt, & B (per præc.) immotum manet, statim ac ipsum B tangunt, suum integrum motum retinendo,
in aliam partem reflectentur (per prop.28. hujus): adeoque
corpus B continuo à corporibus, quę illud immediatè tangunt,
sponte deseritur, quantumvis igitur B fingatur magnum, nulla actio requiritur, ad ipsum à corporibus, immediatè tangentibus, separandum (per id, quod 4° notavimus circa 8. def.).
Quare nulla vis externa, quantumvis parva fingatur, in ipsum

fum impingi poteft, quæ non fit major vi, quam B habet
ad permanendum in eodem loco, (ipfum enim nullam habere vim corporibus immediatè tangentibus adhærendi,
jam jam demonftravimus) & quæ etiam, addita impulfui
corpufculorum, quæ fimul cum ipfa vi externa B verfus
eandem partem pellunt, non major fit vi aliorum corpufculorum, idem B in contrariam partem pellentium, (ille enim
fine vi externa huic æquali fupponebatur): ergo (per ax.20.)
ab hâc vi externâ, quantumvis exigua fingatur, corpus B
verfus quamcunque partem movebitur, q. e. d.

PROPOSITIO XXXIV.

Corpus B, iifdem pofitis ut fupra, non poteft celerius moveri, quam
à vi externâ impulfum eft, quamvis particulæ, à quibus cingi-
tur, longè celerius agitentur.

DEMONSTRATIO.

COrpufcula, quæ fimul cum vi externa corpus B verfus
eandem partem pellunt, quanvis multo celerius agitentur, quàm vis externa B movere poteft; quia tamen (per hyp.) non
majorem vim habent, quàm corpora, quæ idem B in contrariam partem repellunt, omnes fuæ determinationis vires in his
tantum refiftendis impendent; nec ei (per propof. 32. hujus)
aliquam celeritatem tribuent; Ergo, cum nullæ aliæ circumftan-
tiæ, five caufæ fupponantur, B à nullâ aliâ caufâ, præter vim
externam, aliquid celeritatis accipiet, ac proinde (per ax. 8.
part. 1.) non poterit celerius moveri, quam à vi externâ impulfum eft, quod erat dem.

PROPOSITIO XXXV.

Cum corpus B fic ab externo impulfu movetur, maximam partem
fui motus à corporibus, à quibus continuo cingitur, accipit, non
autem à vi externa.

L   DE-

DEMONSTRATIO.

COrpus B, quamvis admodum magnum fingatur, impulsu, quantumvis exiguo, moveri debet, (per propof.33; hujus). Concipiamus igitur B quadruplo majus esse corpore externo, cujus vi pellitur : cum ergo (per præc.) ambo æque celeriter moveri debeant : quadruplo etiam plus motus erit in B, quàm in corpore externo, à quo pellitur, (per prop.21. hujus): quare (per ax.8. part.1.) præcipuam partem sui motus à vi externa non habet. Et quia præter hanc nullæ aliæ causæ supponuntur, quam corpora, à quibus continuo cingitur, (nam ipsum B ex se immotum supponitur) à solis ergo (per ax.7. part.1.) corporibus, à quibus cingitur, præcipuam partem sui motus accipit, non autem à vi externa, q. e. d.

Nota, quod hic non possumus, ut supra, dicere, quod motus particularum ab una parte venientium requiratur ad resistendum motui particularum à contraria parte venientium; nam corpora, æquali motu (ut hæc supponuntur) versus se invicem mota, sola determinatione, non vero motu, contraria sunt (per corol. prop.19. hujus): ideoque solam determinationem in sibi invicem resistendo impendunt, non vero motum, ac propterea corpus B nihil determinationis, & consequenter (per corol. prop.27. hujus) nihil celeritatis, quatenus à motu distinguitur, à corporibus circumjacentibus accipere potest : At quidem motum ; imo, accedente vi adventitia, necessario ab iis moveri debet, ut in hac propositione demonstravimus, & ex modo, quo 33 prop. demonstravimus, clare videre est.

Vid.prop. 24. hujus ; in eâ enim duo corpora, in sibi invicem resistendo, suam determinationem, non vero motum impendere, demonstratum est.

PROPOSITIO XXXVI.

Si corpus aliquod, ex. gr. manus nostra, quaquaversum æquali motu moveri posset, ita ut nullis corporibus ullo modo resistat, neque ulla alia corpora ipsi ullo modo resistant; necessario in illo spatio, per quod sic moveretur, tot corpora versus unam partem, quam versus quamcumque aliam, æquali inter se, & æquali cum manus vi celeritatis movebuntur.

DE-

DEMONSTRATIO.

PEr nullum ſpatium aliquod corpus moveri poteſt, quod non ſit corporibus plenum (per propoſ.3. hujus). Dico itaque ſpatium, per quod manus noſtra ſic moveri poteſt, à corporibus repleri, quæ iiſdem, quibus dixi, conditionibus movebuntur. Si enim negas, ponantur quieſcere, vel alio modo moveri. Si quieſcunt, neceſſario motui manus tamdiu reſiſtent (per prop.14. hujus), donec ejus motus ipſis communicetur, ut tandem cum ipſa verſus eandem partem, æquali cum celeritate moveantur (per propoſ.20. hujus): Sed in hypotheſi ponuntur non reſiſtere; ergo hæc corpora moventur, q. er. primum.

Porro ipſa verſus omnes partes moveri debent: ſi enim negas, ponantur verſus aliquam partem non moveri, putà ab A verſus B.Si ergò manus ab A verſus B moveatur, neceſſario corporibus motis (per primam partem hujus), & quidem ſecundum tuam hypotheſin alia determinatione,ab ipſa manus determinatione diverſa, occurret: quare ipſi reſiſtent (per prop.14. hujus), donec cum ipſa manu verſus eandem partem moveantur (per prop.24. & Schol. propoſ.27. hujus): atqui manui (per hyp.) non reſiſtunt, ergo verſus quamcumque partem movebuntur, quod erat ſecundum.

Rurſus hæc corpora æquali inter ſe vi celeritatis verſus C | quamcunque partem movebuntur. Si enim ſupponerentur, non æquali vi celeritatis moveri: ponantur, quæ moventur ab A verſus A ___ B B,non tantà vi celeritatis moveri, quam quæ ab A verſus C moventur. Quare ſi manus eadem illà celeritate (æquali enim motu verſus omnes partes ſine reſiſtentia moveri poſſe ſupponitur), qua corpora ab A verſus C moventur, ab A verſus B moveretur: corpora ab A verſus B mota tamdiu manui reſiſtent (per propoſ.14. hujus), donec cum manu æquali vi celeritatis moveantur (per propoſ.31.hujus):
L 2 at hoc

at hoc eft contra hypothefin: ergo æquali vi celeritatis verfus omnes partes movebuntur, q. er. tertium.

Denique, fi corpora non æquali cum manu vi celeritatis moverentur, aut manus tardius, vel minori vi celeritatis, aut celerius, vel majori vi celeritatis movebitur, quam corpora: Si prius, manus refiftet corporibus ipfam verfus eandem partem fequentibus (per propof. 3 1. hujus): Si pofterius, corpora, quæ manus fequitur, & quibufcum verfus eandem partem movetur, ipfi refiftent (per eandem): quod utrumque eft contra hypothefin. Ergo cum neque tardius, neque celerius moveri poteft manus., æquali vi celeritatis, ac corpora, movebitur, q. e. d.

Si quæris, cur æquali vi celeritatis, non vero abfolute æquali celeritate dico; lege Scholium coroll. prop. 27. hujus: Si deinde quæris, an manus, dum ex. gr. ab A verfus B movetur, non refiftat corporibus eodem tempore à B verfus A æquali vi. motis: Lege propof. 33. hujus, ex qua intelliges, eorum vim compenfari vi corporum (hæc enim vis per. 3. part. hujus prop. illi æqualis eft,) quæ ab A verfus B cum manu eodem tempore moventur.

PROPOSITIO XXXVII.

Si corpus aliquod, puta A, à quacumque parva vi verfus quamcumque partem moveri poteft, illud neceffario cingitur à corporibus, quæ æquali inter fe celeritate moventur.

DEMONSTRATIO.

COrpus A undequaque à corporibus cingi debet (per propof. 6. hujus), ijfque verfus quamcumque partem æqualiter motis: Si enim quiefcerent, non à quacumque parva vi corpus A verfus quamcumque partem (ut fupponitur) moveri poffet; fed ad minimum à tanta vi, quæ corpora, ipfum A immediatè tangentia, fecum movere poffet (per ax. 20. hujus). Deinde fi corpora, à quibus A cingitur, majori vi verfus unam

A **C**   **B** unam partem moverentur, quam verſus aliam, puta a B verſus C, quam à C verſus B, cum undequaque à corporibus motis cingatur (ut jamjam demonſtravimus) ; neceſſario (per id, quod prop. 33. demonſtravimus) corpora, ab B verſus C mota, A verſus eandem partem ſecum ferrent. Adeoque non quæcumque parva vis ſufficiet ad A verſus B movendum, ſed præciſe tanta, quæ exceſſum motus corporum a B verſus C venientium ſuppleret (per ax. 20.) : quare æquali vi verſus omnes partes moveri debent, q. e. d.

S C H O L I U M.

CUm hæc contingant circa corpora, quæ Fluida vocantur, ſequitur corpora fluida illa eſſe, quæ in multas exiguas particulas, & æquali vi verſus omnes partes motas, ſunt diviſa. Et, quamvis illæ particulæ à nullo vel lynceo oculo conſpici poſſint, non tamen erit negandum id, quod modo clarè demonſtravimus : ſatis enim ex antedictis Propp. 10. & 11. evincitur talis naturæ ſubtilitas, quæ (ut jam ſenſus omittam) nullâ cogitatione determinari poteſt, aut attingi. Porro, cum etiam ex præcedentibus ſatis conſtet, quod corpora ſolâ ſuâ quiete aliis corporibus reſiſtant, & nos in duritie, ut ſenſus indicant, nihil aliud percipiamus, quam quod partes corporum durorum motui manuum noſtrarum reſiſtant : clarè concludimus, illa corpora, quorum omnes particulæ juxta ſe mutuo quieſcunt, eſſe dura ; Lege Art. 54. 55. 56. Part. 2. Princip.

Finis ſecundæ Partis.

L 3   PRIN-

PRINCIPIA
PHILOSOPHIÆ
MORE GEOMETRICO
DEMONSTRATA.

PARS III.

Rincipiis rerum naturalium univerfaliſſimis ſic ex-
poſitis, pergendum nunc eſt ad illa, quæ ex ipſis ſequuntur, explicanda. Verumenimvero, quandoquidem ea, quæ ex iis principiis ſequuntur, plura ſunt,
quàm mens noſtra unquam cogitatione perluſtrare poterit,
nec ab iis ad una potius, quam alia conſideranda, determi-
nemur; præcipuorum Phænomen-n, quorum cauſas hic inve-
ſtigabimus, brevis hiſtoria ante omnia ob oculos ponenda eſt.
Hanc autem habes ab Artic. 5. uſque ad 15. Part. 3. Princip. Et
ab Art. 20. uſque ad 43. proponitur hypotheſis, quam Carteſius commodiſſimam judicat, non tantum ad Phænomena
cœli intelligenda: ſed etiam, ad eorum cauſas naturales in-
dagandas.

Porro, cum ad Plantarum vel Hominis naturam intelligen-
dam optima via ſit conſiderare, quo pacto paulatim ex ſeminibus naſcantur & generentur: talia principia erunt exco-
gitanda, quæ valde ſimplicia, & cognitu facillima ſunt, ex
quibus, tanquam ſeminibus quibuſdam, & ſidera, & terra,
& denique omnia, quæ in hoc mundo aſpectabili deprehendimus, oriri potuiſſe demonſtremus: quamvis ipſa nunquam
ſic orta eſſe probe ſciamus. Hoc enim pacto eorum naturam
longe melius exponemus, quam ſi tantum, qualia jam ſunt,
deſcriberemus.

Dico, nos quærere principia ſimplicia & cognitu facilia; talia enim niſi ſint, ipſis non indigebimus; nempe quia ea tantum

PARS III. 87

tum de caufa femina rebus affingemus, ut earum natura nobis
facilius innotefcat, & Mathematicorum more à clariffimis ad
magis obfcura, & à fimpliciffimis ad magis compofita afcen-
damus.

Dicimus deinde, nos talia principia quærere, ex quibus &
fidera, & terram, &c. oriri potuiffe demonftremus. Tales
enim caufas, quæ tantum fufficiunt, ut paffim ab Aftrono-
mis fit, ad Phænomena cœli explicanda, non quærimus: fed
tales, quæ etiam ad cognitionem eorum, quæ funt in terrâ,
(nempe, quia omnia quæ fupra terram obfervamus contingere, inter Phænomena naturæ recenfenda judicamus) nos du-
cant: Hæ autem ut inveniantur fequentia obfervanda funt in
bonâ Hypothefi.

I. Ut nullam (in fe tantum confiderata) implicet contradictionem.

II. Ut fit fimpliciffima, quæ dari poteft.

III. Quod ex fecundo fequitur, ut fic cognitu facillima.

IV. Ut omnia, quæ in totâ natura obfervantur ex ipfâ deduci queant.

Diximus denique, nobis licere Hypothefin affumere, ex
qua, tanquam ex caufa, naturæ Phænomena deducere quea-
mus; quamvis ipfa fic orta non fuiffe, probefciamus. Quod
ut intelligatur, hoc utar exemplo. Siquis in charta lineam
curvam, quam Parabolam vocamus, defcriptam inveniat,
& ipfius naturam inveftigare velit, five is fupponat, illam
lineam ex Cono aliquo prius fectam, & deinde chartæ im-
preffam; five ex motu duarum linearum rectarum defcriptam, five aliquo alio modo ortam fuiffe, perinde eft; modò
ex eo, quod fupponit, omnes proprietates Parabolæ demón-
ftret. Imo, quamvis fciat, illam in chartâ ex impreffione
fecti Coni ortum habuiffe; poterit nihilominus ad libitum
aliam caufam fingere, quæ ipfi commodiffima videtur, ad
omnes Parabolæ proprietates explicandas. Sic etiam nobis ad
delineamenta naturæ explicanda, hypothefin aliquam ad libitum

bitum aſſumere licet, modo ex ipſa omnia naturæ Phænomena per Mathematicas conſequentias deducamus. Et, quod magis notatu dignum eſt, vix aliquid aſſumere poterimus, ex quo non idem effectus, quamquam fortaſſe operoſius, per naturæ Leges ſupra explicatas, deduci poſſint. Cum enim earum Legum ope materia formas omnes, quarum eſt capax, ſucceſſive aſſumat; ſi formas iſtas ordine conſideremus, tandem ad illam, quæ eſt hujus mundi poterimus devenire : adeo ut nihil erroris ex falſa hypotheſi ſit timendum.

POSTULATUM.

PEtitur, ut concedatur, omnem illam materiam, ex quâ hic mundus aſpectabilis eſt compoſitus, fuiſſe initio à Deo diviſam in particulas, quàm proxime inter ſe æquales, non quidem ſphæricas, quia plures globuli ſimul juncti ſpatium continuum non replent, ſed in partes alio modo figuratas, & magnitudine mediocres, ſive medias inter illas omnes, ex quibus jam cœli atque aſtra componuntur; eaſque tantundem motus in ſe habuiſſe, quantum jam in mundo reperitur, & æqualiter fuiſſe motas; tum ſingulas circa propria ſua centra, & ſeparatim à ſe mutuo, ita ut corpus fluidum componerent, quale cœlum eſſe putamus; tum etiam plures ſimul circa alia quædam puncta, æque à ſe mutuo remota, & eodem modo diſpoſita, ac jam ſunt centra fixarum; nec non etiam circa alia aliquanto plura, quæ æquent numerum Planetarum; ſicque tot varios vortices componerent, quot jam aſtra ſunt in mundo. Vide Figuram Artic. 47. Part. 3. Princip.

Hæc hypotheſis in ſe ſpectata nullam implicat contradictionem; nihil enim materiæ tribuit præter diviſibilitatem, & motum, quas modificationes jam ſupra demonſtravimus in materia realiter exiſtere, & quia materiam indefinitam, ac cœli & terræ unam eandemque eſſe oſtendimus, has modificationes in tota materia fuiſſe, ſine ullius contradictionis ſcrupulo ſupponere poſſumus.

Et

Est deinde hæc hypothefis fimpliciffima, quia nullam fupponit inæqualitatem, neque diffimilitudinem in particulis, in
quas materia in initio fuerit divifa, neque etiam in earum motu; ex quo fequitur hanc hypothefin etiam effe cognitu facill-
limam : Quod idem etiam patet ex eo, quod nihil per hanc
hypothefin in materiâ fupponitur fuiffe, præter id, quod cui-
libet fponte ex folo materiæ conceptu innotefcit, divifibilitas nimirum, ac motus localis.

Quod autem ex ipfâ omnia, quæ in natura obfervantur,
deduci queant, reipfâ, quoad fieri poteft, oftendere conabimur, idque fequenti ordine. Primo fluiditatem Cœlorum
ex ipfa deducemus, &, quomodo ea caufa fit lucis, explicabimus. Deinde ad naturam Solis pergemus, & fimul ad ea, quæ
in Stellis fixis obfervantur. Poftea de Cometis, & tandem de
Planetis, eorumque Phænomenis dicemus.

DEFINITIONES.

I. Per *Eclipticam* intelligimus illam partem vorticis, quæ,
dum gyrat circa axem, maximum circulum defcribit.

II. Per *Polos* intelligimus partes vorticis, quæ ab Eclipti-
câ funt remotiffimæ, five quæ minimos defcribunt circulos.

III. Per *Conatum ad motum* non intelligimus aliquam cogitationem; fed tantum, quod pars materiæ ita eft fita, & ad
motum incitata, ut reverâ effet aliquò itura, fi à nullâ caufa
impediretur.

IV. Per *Angulum* intelligimus, quicquid in aliquo corpore ultra figuram fphæricam prominet.

AXIOMATA.

I. Plures globuli fimul juncti fpatium continuum occupare nequeunt.

II. Materiæ portio in partes angulofas divifæ, fi partes

M ipfius

ipsius circa propria sua centra moveantur, majus spatium requirit, quam si omnes ipsius partes quiescerent, & omnia earum latera se invicem immediatè tangerent.

III. Pars materiæ, quò minor est, eò facilius ab eâdem vi
dividitur.

IV. Partes materiæ, quæ sunt in motu versus eandem partem, & à se invicem in ipso motu non recedunt, non sunt actu
divisæ.

PROPOSITIO I.

*Partes materiæ, in quas primò fuit divisa, non erant rotundæ,
sed angulosæ.*

DEMONSTRATIO.

Materia tota in partes æquales & similes ab initio fuit divisa (per postulat): ergo (per ax.1. & prop.2. part.2.)
non fuerunt rotundæ: atque adeo (per defin.4.) angulosæ,
q. e. d.

PROPOSITIO II.

*Vis, qua effecit, ut materiæ particulæ circa propria centra mo-
verentur, simul effecit, ut particularum anguli mutuo
occursu attererentur.*

DEMONSTRATIO.

Tota materia in initio in partes æquales (per postulat.)
atque angulosas (per propos.1. hujus) fuit divisa. Si itaque, simulac cœperint moveri circa propria centra, anguli earum non attriti fuissent, necessario (per axiom.2.) tota materia majus spatium occupare debuisset, quam cum quiesce-
bat: atqui hoc est absurdum (per prop 4. part.2.): ergo earum anguli fuerunt attriti, simulac moveri cœperint, q. e. d.

Reliqua desiderantur.

APPENDIX,

CONTINENS

COGITATA
METAPHYSICA,

IN QUIBUS

Difficiliores, quæ in Metaphysices tam parte Generali,
quam Speciali, circa Ens, ejusque Affectiones, Deum, ejusque
Attributa, & Mentem humanam occurrunt, quæstiones breviter explicantur,

AUTHORE
BENEDICTO de SPINOZA,
AMSTELODAMENSI.

APPENDICIS
COGITATA METAPHYSICA
CONTINENTIS

PARS I,

*In quâ præcipua, quæ in parte Metaphysices generali,
circa Ens, ejusque Affectiones vulgò occurrunt,
breviter explicantur.*

CAP. I.

De Ente Reali, Ficto, & Rationis.

D E definitione hujus Scientiæ nihil dico, nec etiam circa quę versetur; sed tantum ea, quę obscuriora sunt, & passim ab Authoribus in Metaphysicis tractantur, explicare hic est animus.

Incipiamus igitur ab Ente, per quod intelligo *Id omne, quod, cum clarè & distinctè percipitur, necessariò existere, vel ad minimum posse existere reperimus.* *Entis definitio.*

Ex hac autem definitione, vel, si mavis, descriptione sequitur, quod *Chimæra*, *Ens fictum*, & *Ens rationis* nullo modo ad entia revocari possint. Nam* *Chimæra* ex suâ naturâ existere nequit. *Ens* vero *fictum* claram & distinctam perceptionem secludit; quia homo ex solâ mera libertate, & non, ut in falsis, insciens, sed prudens & sciens connectit, quę connectere, & disjungit, quę disjungere vult. *Ens* denique *rationis* nihil est præter modum cogitandi, cui inservit ad res intellectas faciliùs *retinendas, explicandas atque imaginandas.* Ubi notandum, quod per modum cogitandi intelligimus id, quod jam Schol. propos. 4. part. 1. explicuimus, nempe omnes cogitationis affectiones, videlicet intellectum, lætitiam, imaginationem, &c.

Chimæra, Ens fictum, & Ens rationis non esse entia.
* Nota, quod nomine Chimæræ hic, & in seqq. intelligatur id, cujus natura apertam involvit contradictionem, ut fusius explicatur cap. 3.

M 3 Quod

Quibus co-
gitandi
modis res
retinea-
mus.

Quod autem dentur quidam modi cogitandi, qui inferviunt ad res firmius atque facilius *retinendas*, & ad ipfas, quando volumus, in mentem revocandas, aut menti præfentes fiftendas, fatis conftat iis, qui notiſſima illa regula Memoriæ utuntur: qua nempe ad rem noviſſimam retinendam & memoriæ imprimendam ad aliam nobis familiarem recurritur, quæ vel nomine tenus vel re ipfa cum hac conveniat. Hunc fimiliter in modum Philofophi res omnes naturales ad certas claſſes reduxerunt, ad quas recurrunt, ubi aliquid novi ipfis occurrit, quas vocant *genus*, *fpecies* &c.

Quibus co-
gitandi
modis res
explice-
mus.

Ad rem deinde *explicandam* etiam modos cogitandi habemus, determinando fcilicet eam per comparationem ad aliam. Modi cogitandi, quibus id efficimus vocantur *tempus*, *numerus*, *menfura*, & fiquæ adhuc alia funt. Horum autem tempus inſervit durationi explicandæ, numerus quantitati difcretæ, menfura quantitati continuæ.

Quibus co-
gitandi
modis res
imagine-
mur.

Denique, cum aſſueti ſimus omnium, quæ intelligimus, etiam imagines aliquas in noftra phantafia depingere; fit, ut non-entia pofitivè, inftar entium, *imaginemur*. Nam mens in fe fola fpeᶜtata, cum fit res cogitans, non majorem habet potentiam ad affirmandum, quam ad negandum: imaginari vero cum nihil aliud fit, quam' ea, quæ in cerebro reperiuntur à motu fpirituum, qui in fenfibus ab objeᶜtis excitatur, veftigia fentire, talis fenfatio non, nifi confufa affirmatio, eſſe poteft. Atque hinc fit, ut omnes modos, quibus mens utitur ad negandum, quales funt, cæcitas, extremitas five fi. nis, terminus, tenebræ &c. tañquam entia imaginemur.

Negationes
cur non fint
Idea, re-
rum, & ta-
men pro iis
habeantur.

Unde clarè patet, hos modos cogitandi non eſſe ideas rerum, nec ullo modo ad ideas revocari poſſe; quare etiam nullum habent ideatum, quod neceſſario exiftit, aut exiftere poteft. Caufa autem, ob quam hi modi cogitandi pro ideis rerum habentur, eft, quia ab ideis entium realium tam immediatè proficifcuntur, & oriuntur, ut facillimè cum ipfis ab iis, qui non accuratiſſimè attendunt, confundantur: unde etiam nomina

mina ipſis impoſuerunt, tanquam ad ſignificandum entia extra mentem noſtram exiſtentia, quæ Entia, ſive potius Non-entia Entia rationis vocaverunt.

Hincque facilè videre eſt, quàm inepta ſit illa diviſio, qua *Male divi-* dividitur ens in ens reale, & ens rationis: dividunt enim ens *di Ens in* in ens & non-ens, aut in ens,& modum cogitandi: Attamen *reale &* non miror Philoſophos verbales, ſive grammaticales in ſimi-*rationis.* les errores incidere: res enim ex nominibus judicant, non autem nomina ex rebus.

Nec minus ineptè loquitur, qui ait ens rationis non eſſe *Ens ratio-* merum nihil. Nam ſi id, quod iſtis nominibus ſignificatur, *nis quomo-* extra intellectum quærit, merum nihil eſſe reperiet: ſi autem *do dici poſ-* ipſos modos cogitandi intelligit, vera entia realia ſunt. Nam *ſit merum* cùm rogo, quid ſit ſpecies, nihil aliud quæro, quam natu-*nihil, &* ram iſtius modi cogitandi, qui revera eſt ens, & ab alio modo *quomodo* cogitandi diſtinguitur; verùm, hi modi cogitandi ideæ vocari *Ens reale.* non poſſunt, neque veri aut falſi poſſunt dici, ſicut etiam amor non poteſt verus aut falſus vocari, ſed bonus aut malus. Sic Plato cùm dixit, hominem eſſe animal bipes ſine plumis, non magis erravit, quam qui dixerunt hominem eſſe animal rationale; nam Plato non minus cognovit hominem eſſe ani-mal rationale, quam cæteri cognoſcunt; verum ille hominem revocavit ad certam claſſem, ut quando vellet de homine co-gitare, ad illam claſſem recurrendo, cujus facile recordari potuerat, ſtatim in cogitationem hominis incideret: Imo Ariſtoteles graviſſimè erravit, ſi putavit ſe illa ſuâ definitione humanam eſſentiam adæquate explicuiſſe: An vero Plato benè fecerit, tantum quæri poſſet: ſed hæc non ſunt hujus loci.

Ex omnibus ſupradictis inter ens reale & entis rationis *In Rerum* ideata nullam dari convenientiam apparet: Unde etiam facilè *inveſtiga-* videre eſt, quàm ſedulo ſit cavendum in inveſtigatione rerum, *tione Entia* ne entia realia, cum entibus rationis confundamus: Aliud *realia cum* enim eſt inquirere in rerum naturam, aliud in modos, quibus *entibus ra-* *tionis non* *confunden-* *da.* res

res a nobis percipiuntur. Hæc vero ſi confundantur, neque modos percipiendi, neque naturam ipſam intelligere poterimus; imò vero, quod maximum eſt, in cauſa erit, quòd in magnos errores incidemus, quemadmodum multis hucuſque contigit.

Quomodo Ens rationis, & Ens fictum diſtinguantur.

Notandum etiam, quod multi confundunt ens rationis cum ente ficto: putant enim ens fictum etiam eſſe ens rationis, quia nullam extra mentem habet exiſtentiam. Sed ſi ad entis rationis, & entis ficti definitiones modò traditas rectè attendatur, reperietur inter ipſa, tum ex ratione cauſæ, tum etiam ex eorum naturâ, abſque reſpectu cauſæ, magna differentia. Ens fictum enim nihil aliud eſſe diximus, quam duos terminos connexos ex ſolâ merâ voluntate ſine ullo ductu rationis; unde ens fictum caſu poteſt eſſe verum. Ens vero rationis, nec a ſolâ voluntate dependet, nec ullis terminis inter ſe connexis conſtat, ut ex definitione ſatis fit manifeſtum. Ei quis igitur roget, an ens fictum ens reale ſit, an verò ens rationis, tantum repetendum, atque regerendum eſt id, quod jam diximus, nempe male dividi ens in ens reale, & ens rationis, ideoque malo fundamento quæritur, an ens fictum ens reale ſit, an verò rationis: ſupponitur enim omne ens dividi in ens reale, & rationis.

Entis diviſio.

Sed ad noſtrum propoſitum revertamur, à quo videmur utcunque jam deflexiſſe. Ex entis definitione, vel, ſi mavis, deſcriptione jam traditâ facilè videre eſt, quod ens dividendum ſit in ens, quod ſuâ natura neceſſario exiſtit, ſive cujus eſſentia involvit exiſtentiam, & in ens, cujus eſſentia non involvit exiſtentiam, niſi poſſibilem. Hoc ultimum dividitur in Subſtantiam & Modum, quorum definitiones part. 1. Art. 51. 52. & 56. Princ. Philoſ. traduntur; quare non neceſſe eſt, eas hic repetere. Sed tantùm notari volo circa hanc diviſionem, quod expreſſe dicimus ens dividi in Subſtantiam & Modum; non vero in Subſtantiam & Accidens: nam Accidens nihil eſt præter modum cogitandi, utpote quod ſolummodo reſpectum denotat.

notat. Ex. grat. cum dico triangulum moveri, motus non est
trianguli modus, sed corporis, quod movetur: unde motus respectu trianguli accidens vocatur: respectu vero corporis est ens reale, sive modus: non enim potest motus concipi sine corpore, at quidem sine triangulo.

Porro ut jam dicta, & etiam quæ sequentur, melius intel-
ligantur, explicare conabimur, quid per *esse essentiæ*, *esse ex-*
istentiæ, *esse ideæ*, ac denique *esse potentiæ* intelligendum sit:
Quo etiam nos movet quorundam ignorantia, qui nullam distinctionem agnoscunt inter essentiam & existentiam, vel, si
agnoscunt, *esse essentiæ* cum *esse ideæ* vel *esse potentiæ* confundunt. Ut his igitur, & rei ipsi satisfaciamus, rem quam distinctè poterimus, in sequentibus explicabimus.

CAP. II.

Quid sit esse Essentiæ, quid esse Existentiæ, quid esse Ideæ,
quid esse Potentiæ.

UT clarè percipiatur, quid per hæc quatuor intelligendum sit, tantùm necesse est, ut nobis ob oculos ponamus ea, quæ de substantia increata, sive de Deo diximus,
nempe

1°. Deum eminenter continere id, quod formaliter in rebus creatis reperitur, hoc est, Deum talia attributa habere,
quibus omnia creata eminentiori modo contineantur, vide
part. 1. axiom. 8. & coroll. 1. prop. 12. Ex. gr. extensionem clarè
concipimus sine ulla existentia, ideoque, cum per se nullam
habeat vim existendi, à Deo creatam esse demonstravimus,
prop. ultima part. 1. Et, quia in causa tantundem perfectionis ad minimum debet esse, quantum est in effectu, sequitur,
omnes perfectiones extensionis Deo inesse. Sed quia postea
rem extensam ex sua natura divisibilem esse videbamus, hoc
est, imperfectionem continere, ideo Deo extensionem tribuere non potuimus, part. 1. propos. 16, adeoque fateri coge-

Creaturas
in Dei esse
eminenter.

N   geba-

gebamur, Deo aliquod attributum inesse, quod omnes materiæ perfectiones excellentiori modo continet, Schol. prop. 9. part. 1, quodque vices materiæ supplere potest:

2° Deum seipsum, atque omnia alia intelligere, hoc est, omnia objectivè etiam in se habere, part. 1. prop. 9.

3° Deum esse omnium rerum causam, eumque ex absolutâ libertate voluntatis operari.

Quid sit esse essentia, existentia, idea, ac potentia?

Ex his itaque clarè videre est, quid per illa quatuor intelligendum sit. Primum enim *esse* scilicet *Essentiæ*, nihil aliud est, quàm modus ille, quo res creatæ in attributis Dei comprehenduntur: *esse* deinde *Idea* dicitur, prout omnia objectivè in ideâ Dei continentur: *esse* porrò *Potentia* dicitur tantum respectu potentiæ Dei, quâ omnia nondum adhuc existentia ex absolutâ libertate voluntatis creare potuerat: *esse* denique *Existentia* est ipsa rerum essentia extra Deum, & in se considerata, tribuiturque rebus, postquam à Deo creatæ sunt.

Hæc quatuor a se invicem non distingui, nisi in rebus creatis.

Ex quibus clarè apparet, hæc quatuor non distingui inter se, nisi in rebus creatis: in Deo verò nullo modo: Deum enim non concipimus fuisse potentiâ in alio, & ejus existentia, ejusque intellectus ab ejus essentiâ non distinguuntur.

Ad quæstiones quasdam de Essentia respondetur.

Ex his facilè ad quæstiones, quæ passim de essentiâ circumferuntur, respondere possumus. Quæstiones autem hæ sunt sequentes: an essentia distinguatur ab existentia, & si distinguatur, an sit aliquid diversum ab idea: & si aliquid diversum ab ideâ sit, an habeat aliquod esse extra intellectum; quòd postremum sanè necessariò fatendum est. Ad primam autem sub distinctione respondemus, quod essentia in Deo non distinguatur ab existentiâ; quandoquidem sine hac illa non potest concipi: in cæteris autem essentia differt ab existentiâ, potest nimirum sine hac concipi. Ad secundam verò dicimus, quod res, quæ extra intellectum clarè & distinctè, sive verè concipitur, aliquid diversum ab ideâ sit. Sed denuo quæritur, an illud esse extra intellectum sit à se ipso, an verò à Deo creatum. Ad quod respondemus, essentiam formalem non

esse

esse à se', nec etiam creatam ; hæc duo enim supponerent rem actu existere: sed à sola essentia divina pendere, in qua omnia continentur; adeoque hoc sensu iis assentimur, qui dicunt essentias rerum æternas esse. Quæri adhuc posset, quomodo nos, nondum intellecta natura Dei, rerum essentias intelligamus; cum illæ, ut modo diximus, à sola Dei natura pendeant. Ad hoc dico, id ex eo oriri, quod res jam creatæ sunt : si enim non essent creatæ, prorsus concederem, id impossibile fore, nisi post naturæ Dei adæquatam cognitionem: eodem modo ac impossibile est, imò magis impossibile, quam, ex nondum nota natura Parabolæ naturam ejus ordinatim applicatarum noscere.

Porro notandum, quod, quamvis essentiæ modorum non existentium in illorum substantiis comprehendantur, & eorum *esse essentia* in illorum substantiis sit, nos tamen ad Deum recurrere voluimus, ut generaliter essentiam modorum & substantiarum explicaremus, & etiam, quia essentia modorum non fuit in illorum substantiis, nisi post earum creationem, & nos *esse essentiarum* æternum quærebamus. *Cur author in definitione essentiæ ad Dei attributa recurrit.*

Adhæc non puto operæ pretium esse, hic Authores, qui diversum à nobis sentiunt, refutare, nec etiam eorum definitiones aut descriptiones de essentia & existentia examinare : nam hoc modo rem claram obscuriorem redderemus: quid enim magis clarum, quam, quid sit essentia & existentia, intelligere; quandoquidem nullam definitionem alicujus rei dare possumus, quin simul ejus essentiam explicemus. *Cur aliorum definitiones non recensuit.*

Denique, si quis Philosophus adhuc dubitet, an essentia ab existentia distinguatur in rebus creatis, non est quod multum de definitionibus essentiæ & existentiæ laboret, ut istud dubium tollatur: si enim tantum adeat statuarium aliquem, aut fabrum lignarium, illi ipsi ostendent, quomodo statuam nondum existentem certo ordine concipiant, & postea eam ipsi existentem præbebunt. *Quomodo distinctio inter essentiam & existentiam facile addiscatur.*

CAP. III.

De eo, quod est Necessarium, Impossibile, Possibile & Contingens.

Quid hic
per affe-
ctiones in-
telligen-
dum sit.

Natura entis, quatenus ens est, sic explicata, ad aliquas
ejus affectiones explicandas transimus; ubi notandum
venit, quod per affectiones hic intelligimus id, quòd aliàs per
attributa denotavit Cartesius in part. I. Princ. Philos. art. 52.
Nam ens, quatenus ens est, per se solum, ut substantia, nos
non afficit, quare per aliquod attributum explicandum est, à
quo tamen non, nisi ratione, distinguitur. Unde non satis mira-
ri possum illorum ingenia subtilissima, qui medium quæsive-
runt, non sine magno detrimento veritatis, inter ens & nihil.
Sed in eorum errorem refutando non morabor, quandoquidem ipsi, ubi talium affectionum definitiones tradere moliun-
tur, in vana sua subtilitate prorsus evanescunt.

Affectio-
num defi-
nitio.

Nos igitur rem nostram agemus, dicimusque *Entis affectiones esse, quædam attributa, sub quibus uniuscujusque essentiam
vel existentiam intelligimus, à qua tamen non nisi ratione distinguuntur.* De his quasdam, (non enim omnes pertractare mihi assu-
mo) hic explicare, & à denominationibus, quæ nullius entis
sunt affectiones, separare conabor. Ac primo quidem agam
de eo, quod est *necessarium, & impossibile.*

Quot mo-
dis res di-
catur ne-
cessaria &
impossibi-
lis.

Duobus modis res dicitur necessaria & impossibilis, vel respectu suæ essentiæ, vel respectu causæ. Respectu essentiæ
Deum necessario existere novimus: nam ejus essentia non potest concipi sine existentiâ: chimæra verò respectu implican-
tiæ suæ essentiæ non potis est, ut existat. Respectu causæ dicuntur res, e. g. materiales, esse impossibiles aut necessariæ:
nam si tantum ad earum essentiam respicimus, illam concipere possumus clarè & distinctè sine existentiâ, quapropter
nunquam existere possunt vi & necessitate essentiæ: sed tantum vi causæ, Dei nempe omnium rerum creatoris. Si itaque
in decreto divino est, ut res aliqua existat, necessariò existet;

sin

fin minus impossibile erit, ut existat. Nam per se manifestum est, id quod nullam causam, internam scilicet aut externam, habet ad existendum, impossibile esse, ut existat: atqui res in hac secunda hypothesi ponitur talis, ut neque vi suæ
essentiæ, quam per causam internam intelligo, neque vi decreti divini, unicæ omnium rerum causæ externæ, existere
possit: unde sequitur, res ut in sec. hyp. à nobis statuuntur,
impossibiles esse, ut existant.

Ubi notandum venit, 1°. Chimæram, quia neque in in- *Chimæ-*
tellectu est, neque in imaginatione, à nobis ens verbale com- *ram com-*
mode vocari posse ; nam ea non nisi verbis exprimi potest. *verbale*
Ex. gr. Circulum quadratum verbis quidem exprimimus, ima- *vocari.*
ginari autem nullo modo, & multò minus intelligere possumus. Quapropter Chimæra præter verbum nihil est, ideoque impossibilitas inter affectiones entis numerari non potest:
est enim mera negatio.

2°. Notandum venit, quod non tantum rerum creatarum *Res crea-*
existentia: verum etiam, ut infrà in sec. part. evidentissimè *tas, quoad*
demonstrabimus, earum essentia & natura à solo Dei decreto *& existen-*
dependet. Ex quo clarè sequitur, res creatas nullam ex se *tiam à Deo*
ipsis habere necessitatem : nempe quia ex se ipsis nullam ha- *dependere.*
bent essentiam, nec à se ipsis existunt.

3°. Denique notandum est, quod necessitas, qualis vi cau- *Necessita-*
sæ in rebus creatis est, dicatur vel respectu earum essentiæ, vel *tem, qua*
respectu earum existentiæ: nam hæc duo in rebus creatis di- *creatis à*
stinguuntur, illa enim à legibus naturæ æternis dependet, hæc *causa est,*
vero à serie & ordine causarum. Verum in Deo, cujus essentia *sentia vel*
ab illius existentia non distinguitur, essentiæ necessitas etiam *existentiæ;*
non distinguitur à necessitate existentiæ; unde sequitur, quod *at hæc duo*
si totum ordinem naturæ conciperemus, inveniremus, quod, *distingui.*
multa, quorum naturam clarè & distinctè percipimus, hoc est,
quorum essentia necessariò talis est, nullo modo possent existere ; nam tales res in natura existere æquè impossibile repe-
riremus, ac jam cognoscimus impossibile esse, ut magnus,

ele-

elephantus in acus foramine recipi poſſit: quamvis utriuſque naturam clarè percipiamus. Unde exiſtentia illarum rerum non eſſet, niſi chimæra, quam neque imaginari, neque intelligere poſſemus.

Poſſibile & contingens non eſſe rerum affectiones.

Atque hæc de neceſſitate & impoſſibilitate, quibus pauca de *poſſibili* & *contingente* viſum eſt adjungere; nam hæc duo à nonnullis pro rerum affectionibus habentur; cum tamen revera nihil aliud ſint, quàm defectus noſtri intellectus, quòd clarè oſtendam, poſtquam explicavero, quid per hæc duo intelligendum ſit.

Quid ſit poſſibile, quid contingens.

Res poſſibilis itaque dicitur, *cum ejus cauſam efficientem quidem intelligimus; Attamen an cauſa determinata ſit, ignoramus;* Unde etiam ipſam, ut poſſibilem, non verò ut neceſſariam, neque ut impoſſibilem conſiderare poſſumus. Si autem *ad rei eſſentiam ſimpliciter, non verò ad ejus cauſam* attendamus, *illam contingentem* dicemus, hoc eſt, illam, ut medium inter Deum, & chimæram, ut ſic loquar, conſiderabimus, nempe quia ex parte eſſentiæ nullam in ipſa reperimus neceſſitatem exiſtendi, ut in eſſentiâ divinâ, neque etiam implicantiam ſive impoſſibilitatem, ut in chimærâ. Quod ſi quis id, quod ego *poſſibile* voco, *contingens*, & contra id, quod ego *contingens*, *poſſibile* vocare velit, non ipſi contradicam: neque enim de nominibus diſputare ſoleo. Sat erit, ſi nobis concedat, hæc duo non niſi defectus noſtræ perceptionis, nec aliquid reale eſſe.

Poſſibile, & contingens eſſe tantum defectus noſtri intellectus.

Siquis autem id ipſum negare velit, illi ſuus error nullo negotio demonſtratur: ſi enim ad naturam attendat, & quomodo ipſa à Deo dependet, nullum *contingens* in rebus eſſe reperiet, hoc eſt, quod ex parte rei poſſit exiſtere, & non exiſtere, ſive, ut vulgo dicitur, *contingens reale* ſit: quod facilè apparet ex eo, quod ax. 10. part. 1. docuimus, tantam ſcilicet vim requiri ad rem creandam, quam ad ipſam conſervandam: Quare nulla res creata propriâ vi aliquid facit, eodem modo ac nulla res creata ſuâ propria vi incepit exiſtere.

Ex

Ex quo sequitur, nihil fieri, nisi vi causæ omnia creantis, scilicet Dei, qui suo concursu singulis momentis omnia procreat. Cum autem nihil fiat, nisi a solâ divinâ potentiâ, facile est videre, ea, quæ fiunt, vi decreti Dei, ejusque voluntatis fieri. At, cum in Deo nulla sit inconstantia, nec mutatio, per prop. 18. & corol. prop. 20, part. 1. illa, quę jam
producit, se producturum ab æterno decrevisse debuit; cum-
que nihil magis necessarium sit, ut existat, quàm quod Deus
exiturum decrevit, sequitur necessitatem existendi in omnibus rebus creatis ab æterno fuisse. Nec dicere possumus, illas
esse contingentes, quia Deus aliud decrevisse potuit; nam,
cum in æternitate non detur quando, nec ante, nec post,
neque ulla affectio temporis, sequitur, Deum nunquam ante
illa decreta extitisse, ut aliud decernere posset.

Quòd verò attinet ad libertatem humanæ voluntatis,
quam liberam esse diximus schol. propos. 15. part. 1. illa etiam
a Dei concursu conservatur, nec ullus homo aliquid vult, aut
operatur, nisi id, quod Deus ab æterno decrevit, ut vellet
& operaretur. Quomodo autem id fieri possit, servatâ humanâ libertate, captum nostrum excedit: neque ideo,
quod clare percipimus, propter id, quod ignoramus, erit
rejiciendum; clarè enim & distinctè intelligimus, si ad nostram naturam attendamus, nos in nostris actionibus esse liberos, & de multis deliberare propter id solum, quod volumus; si etiam ad Dei naturam attendamus, ut modò ostendimus, clarè & distinctè percipimus, omnia ab ipso pendere,
nihilque existere, nisi quod ab æterno à Deo decretum est,
ut existat. Quomodo autem humana voluntas à Deo singulis momentis procreetur tali modo, ut libera maneat, id
ignoramus; multa enim sunt, quæ nostrum captum excedunt, & tamen à Deo scimus facta esse, uti ex gr. est illa
realis divisio materiæ in indefinitas particulas satis evidenter
a nobis demonstrata in Sec. Part. propos. 11. quamvis ignoremus, quomodo divisio illa fiat. Nota, quod hic pro re
notâ

*Concilia-
tionem li-
bertatis no-
stri arbi-
trii, & præ-
d.nationis
Dei, hu-
manum ca-
ptum supe-
rare.*

notâ supponimus, has duas notiones, *possibile* nempe, & *contingens*, tantum defectum cognitionis nostræ circa rei exiftentiam significare.

CAP. IV.

De Duratione & Tempore.

EX eo, quod supra divisimus ens in ens, cujus effentia involvit exiftentiam, & in ens, cujus effentia non involvit nisi possibilem exiftentiam; oritur diftinctio inter æternitatem & durationem. De *æternitate* infrà fusius loquemur. Hic tan-

Quid fit æternitas. tùm dicimus eam effe *attributum, sub quo infinitam Dei exiftentiam concipimus.* Duratio vero *est attributum, sub quo rerum crea-*

Quid duratio. *tarum exiftentiam; prout in suâ actualitate perseverant, concipimus.* Ex quibus clarè sequitur, durationem a totâ alicujus rei exiftentiâ non, nisi ratione, diftingui. Quantum enim durationi alicujus rei detrahis, tantundem ejus exiftentiæ detrahi necesse est. Hæc autem ut determinetur, comparamus illam cum duratione aliarum rerum, quæ certum & determi-

Quid Tempus. natum habent motum, *hæcque comparatio tempus* vocatur. Quare tempus non est affectio rerum; sed tantum merus modus cogitandi, sive, ut jam diximus, ens rationis; est enim modus cogitandi durationi explicandæ inferviens. Notandum hic in duratione, quod postea usum habebit, quando de æternitate loquemur, videlicet, quòd major & minor concipiatur, & quasi ex partibus componi, & deinde quod tantùm sit attributum exiftentiæ, non verò essentiæ.

CAP. V.

De Oppositione, Ordine, &c.

EX eo, quod res inter se comparamus, quædam oriuntur notiones, quæ tamen extra res ipsas nihil sunt, nisi cogitandi

tandi modi.   Quod inde apparet, quia si ipsas, ut res extra
cogitationem positas, considerare velimus, clarum, quem
alias de ipsis habemus conceptum, statim confusum reddimus. Notiones verò tales hæ sunt, videlicet *Oppositio*, *Ordo*, *Convenientia*, *Diversitas*, *Subjectum*, *Adjunctum*, & si quæ adhuc alia his similia sunt.   Hæ, inquam, à nobis satis clarè percipiuntur, quatenus ipsas, non ut quid ab essentiis rerum oppositarum, ordinatarum &c. diversum, concipimus; sed tantum ut modos cogitandi, quibus res ipsas facilius vel retinemus, vel imaginamur.   Quare de his fusius loqui non necesse esse judico; sed ad terminos vulgo transcendentales dictos transeo.

Quid sint Oppositio, Ordo, Convenientia, Diversitas, Subjectum, Adjunctum, &c.

C A P. VI.
De Uno, Vero, & Bono.

HI termini ab omnibus ferè Metaphysicis pro generalissimis Entis Affectionibus habentur, dicunt enim omne ens esse unum, verum & bonum, quamvis nemo de iis cogitet. Verum quid de his intelligendum sit, videbimus; ubi seorsim unumquemque horum terminorum examinaverimus.

Incipiamus itaque à primo, scilicet *Uno*. Hunc terminum dicunt significare aliquid reale extra intellectum: verùm, quidnam hoc enti addat, nesciunt explicare, quod satis ostendit, illos entia rationis cum ente reali confundere; quo efficiunt, ut id, quòd clarè intelligunt, confusum reddant. Nos autem dicimus *Unitatem* à re ipsa nullo modo distingui, vel enti nihil addere; sed tantum modum cogitandi esse, quo rem ab aliis separamus, quæ ipsi similes sunt, vel cum ipsa aliquo modo conveniunt.

Quid sit unitas.

Unitati vero opponitur *multitudo*, quæ sanè rebus etiam nihil addit, nec aliquid præter modum cogitandi est, quemadmodum clarè & distinctè intelligimus. Nec video, quid circa rem claram amplius dicendum restat; sed tantum hic no-

Quid sit multitudo, & quo respectu Deus dici possit vnus, & quo respectu unicus.

O   tandum

tandum eſt, Deum, quatenus ab aliis entibus eum ſeparamus, poſſe dici unum; verum, quatenus concipimus ejuſdem naturę plures eſſe non poſſe, unicum vocari. At vero ſi rem accuratius examinare vellemus, poſſemus forte oſtendere Deum non niſi impropriè unum & unicum vocari, ſed res non eſt tanti, imo nullius momenti iis, qui de rebus, non verò de nominibus ſunt ſolliciti. Quare hoc relicto ad ſecundum tranſimus, & eadem opera, quid ſit falſum, dicemus.

Quid ſit verum, quid falſum tam apud vulgum, quam apud Philoſophos. Ut autem hæc duo *verum* ſcilicet & *falſum* rectè percipiantur, à verborum ſignificatione incipiemus, ex qua apparebit ea, non niſi rerum denominationes extrinſecas, eſſe, neque rebus tribui, niſi rhetoricè. Sed quia vulgus vocabula primum invenit, quæ poſtea à Philoſophis uſurpantur, ideo è re eſſe videtur illius, qui primam ſignificationem alicujus vocabuli quærit, quid primum apud vulgum denotarit, inquirere; præcipuè ubi aliæ cauſæ deficiunt, quæ ex linguæ natura depromi poſſent ad eam inveſtigandam. Prima igitur *veri* & *falſi* ſignificatio, ortum videtur duxiſſe à narrationibus: eaque narratio vera dicta fuiſſe, quæ erat facti, quod revera contigerat: falſa vero, quæ erat facti, quod nullibi contigerat. Atque hanc Philoſophi poſtea uſurparunt ad denotandam convenientiam ideæ cum ſuo ideato, & contra: quare idea vera dicitur illa, quæ nobis oſtendit rem, ut in ſe eſt: falſa verò, quæ nobis oſtendit rem aliter, quàm revera eſt: Ideæ enim nihil aliud ſunt, quam narrationes ſive hiſtoriæ naturæ mentales. Atque hinc poſtea metaphoricè tranſlata eſt, ad res mutas, ut cum dicimus verum, aut falſum aurum, quaſi aurum nobis repræſentatum aliquid de ſeipſo narret, quod in ſe eſt, aut non eſt.

Verum non eſſe terminum tranſcendentalem. Quocirca planè decepti ſunt, qui *verum* terminum tranſcendentalem ſive entis affectionem judicarunt. Nam de rebus ipſis non niſi improprie, vel ſi mavis rhetorice dici poteſt.

Veritas, & vera idea, quomodo differant. Si porro quæras, quid ſit veritas præter veram ideam, quære etiam, quid ſit albedo præter corpus album; eodem enim modo ſe habent ad invicem.

De

De causa veri, & de causa falsi jam antea egimus; quare
hic nihil restat notandum, nec etiam quæ diximus operæ pretium fuisset notare, si scriptores in similibus nugis non adeo
se intricassent, ut postea se extricare nequiverint, nodum
passim in scirpo quærentes.

Proprietates vero veritatis aut ideæ veræ sunt. 1₆. Quod *Quænam*
sit clara & distincta, 2°. Quod omne dubium tollat, sive uno *sint Pro-*
verbo, quod sit certa. Qui quærunt certitudinem in rebus ip- *prietates*
sis, eodem modo falluntur, ac cum in iis quærunt veritatem; *Veritatis?*
& quamvis dicamus, res in incerto est, rhetoricè sumimus *Certitudi-*
ideatum pro idea, quomodo etiam rem dicimus dubiam; ni- *nem non*
si fortè quod tum per incertitudinem contingentiam intelli- *esse in re-*
gamus, vel rem, quæ nobis incertitudinem aut dubium in- *bus.*
jicit. Neque opus est circa hæc diutius morari; quare ad tertium pergemus, & simul quid per ejus contrarium intelligendum sit, explicabimus.

Res sola considerata neque *bona* dicitur, neque *mala*, sed *Bonum, &*
tantum respectivè ad aliam, cui conducit ad id, quod amat, *malum*
acquirendum, vel contrà: ideoque unaquæque res diverso *tantum di-*
respectu, eodemque tempore bona & mala potest dici: Sic *ci respecti-*
consilium e. g. Achitophelis Absaloni datum bonum in sacris *ve.*
Litteris vocatur; pessimum tamen erat Davidi, cujus interi-
tum moliebatur. Sed multa alia sunt bona, quæ non omnibus bona sunt; sic salus bona est hominibus, non verò neque
bona, neque mala brutis aut plantis, ad quas nullum habet re-
spectum. Deus verò dicitur summè bonus, quia omnibus conducit; nempe uniuscujusque esse, quo nihil magis amabile,
suo concursu conservando. Malum autem absolutum nullum
datur, ut per se est manifestum.

Qui autem bonum aliquod Metaphysicum quæritant, quod *Quare ali-*
omni careat respectu, falso aliquo præjudicio laborant; nem- *quis bonum*
pe quòd distinctionem rationis cum distinctione reali vel mo- *Metaphysi-*
dali confundant: distinguunt enim inter rem ipsam & cona- *cum statue-*
tum, qui in unaquâque re est ad suum esse conservandum, *runt.*

O 2

quam-

quamvis nesciant, quid per conatum intelligant. Hæc enim
duo, quamvis ratione seu potius verbis distinguantur, quod maximè ipsos decepit, nullo modo reipsa inter se distinguuntur.

Res & conatus, quo res in statu suo perseverare conantur, quomodo distinguantur.
Quòd ut clarè intelligatur, exemplum alicujus rei simplicissimæ ob oculos ponemus. Motus habet vim in suo statu perseverandi; hæc vis profectò nihil aliud est, quàm motus ipse, hoc est, quòd natura motus talis sit. Si enim dicam in hoc corpore A nihil aliud esse, quàm certam quantitatem motus, hinc clarè sequitur, quamdiu ad illud corpus A attendo, me semper debere dicere illud corpus moveri. Si enim dicerem, illud suam vim movendi ex se amittere, necessariò ipsi aliquid aliud tribuo præter id, quod in hypothesi supposuimus, per quod suam naturam amittit. Quòd si vero hæc ratio obscurius videatur, age concedamus, illum conatum se movendi aliquid esse præter ipsas leges, & naturam motus; cum igitur hunc conatum esse bonum metaphysicum supponas, necessario hic etiam conatus conatum habebit in suo esse perseverandi, & hic iterum alium, & sic in infinitum, quo magis absurdum nescio quid fingi possit. Ratio autem, cur illi conatum rei à re ipsa distinguunt, est, quia in se ipsis reperiunt desiderium se conservandi, & tale in unaquaque re imaginantur.

An Deus ante res creatas dici possit bonus.
Quæritur tamen, an Deus, antequam res creasset, dici posset bonus; & ex nostra definitione videtur sequi, Deum tale attributum non habuisse; quia dicimus rem, si in se sola consideratur, neque bonam, neque malam posse dici. Hoc autem multis absurdum videbitur; sed qua ratione nescio; multa enim hujus notæ attributa Deo tribuimus, quæ antequam res crearentur, ipsi non competebant, nisi potentia, ut cum vocatur creator, judex, misericors &c. quare similia argumenta moram nobis injicere non debent.

Perfectum quomodo dicatur respective, quomodo absolute.
Porro uti bonum, & malum non dicitur nisi respectivè, sic etiam perfectio, nisi quando perfectionem sumimus pro ipsa rei essentia, quo sensu antea diximus Deum infinitam perfectio-

&ctionem habere, hoc eſt, infinitam eſſentiam, ſeu infinitum eſſe.

Plura his addere non eſt animus; reliqua enim quæ ad partem generalem Metaphyſices ſpectant, ſatis nota eſſe exiſtimo: adeoque operæ pretium non eſſe, ea ulterius perſequi.

APPENDICIS
COGITATA METAPHYSICA
CONTINENTIS
PARS II,

In qua præcipua, quæ in parte Metaphyſices ſpeciali circa Deum, ejuſque Attributa, & Mentem humanam vulgo occurrunt, breviter explicantur.

CAP. I.

De Dei Æternitate.

Subſtantiarum diviſio.

J Am antea docuimus, in rerum natura præter ſubſtantias, earumque modos nihil dari; quare non erit hic exſpectandum, ut aliquid de formis ſubſtantialibus & realibus accidentibus dicamus: ſunt enim hæc, & hujus farinæ alia, planè inepta. Subſtantias deinde diviſimus in duo ſumma genera, extenſionem ſcilicet & cogitationem, ac cogitationem in creatam, ſive Mentem humanam, & increatam ſive Deum. Exiſtentiam autem hujus ſatis ſuperque demonſtravimus tum à poſteriori, ſcilicet ex ipſius, quam habemus, ideâ, tum à priori, ſive ab ejus eſſentia, tanquam cauſa exiſtentiæ Dei. Sed quoniam quædam ejus attributa brevius, quam argumenti dignitas requirit, tractavimus, ipſa hic repetere, eaque fuſius explicare, ſimulque aliquas quæſtiones enodare decrevimus.

O 3

Præ-

Præcipuum attributum, quod ante omnia venit confide-randum, eſt Dei *Æternitas*, qua ipſius durationem expli-camus; vel potius, ut nullam Deo durationem tribuamus, dicimus eum eſſe æternum. Nam, ut in prima Parte notavi-mus, duratio eſt affectio exiſtentiæ, non vero eſſentiæ rerum; Deo autem, cujus exiſtentia eſt de ipſius eſſentia, nullam du-rationem tribuere poſſumus. Qui enim Deo illam tribuit, ejus exiſtentiam ab ejus eſſentiâ diſtinguit. Sunt tamen, qui rogant, an Deus nunc non diutius extiterit, quam cum A-damum crearet: idque ipſis ſatis clarum eſſe videtur, adeoque nullo modo Deo durationem adimendam eſſe exiſtimant. Verum hi principium petunt; nam ſupponunt Dei eſſentiam ab ejus exiſtentia diſtingui, quærunt enim an Deus, qui ex-titit uſque ad Adamum, non plus temporis extiterit ab Ada-mo creato uſque ad nos; quare Deo ſingulis dieBus majorem durationem tribuunt, & quaſi continuò à ſe ipſo ipſum crea-ri ſupponunt. Si enim Dei exiſtentiam, ab illius eſſentiâ non diſtinguerent, nequaquam Deo durationem tribuerent, cum rerum eſſentiis duratio nullo modo competere poſſit: nam nemo unquam dicet circuli, aut trianguli eſſentiam, quate-nus eſt æterna veritas, hoc tempore diutius duraſſe, quam tempore Adami. Porro cum duratio major & minor, ſive quaſi partibus conſtans concipiatur, clarè ſequitur, Deo nul-lam tribui poſſe durationem: nam cum ipſius eſſe ſit æternum, hoc eſt, in quo nihil prius, nec poſterius dari poteſt, nun-quam ipſi durationem tribuere poſſumus; quin ſimul, quem de Deo habemus, verum conceptum deſtruamus, hoc eſt, id, quod eſt infinitum ſua natura, & quod nunquam poteſt concipi niſi infinitum, in partes dividamus, ei ſcilicet du-rationem tribuendo.

Quod autem Authores errarunt, in cauſa eſt. I°. Quia æternitatem, ad Deum non attendentes, explicare conati ſunt, quaſi æternitas abſque eſſentiæ divinæ contemplatione intelligi poſſet, vel quid eſſet præter divinam eſſentiam, at-que

que hoc iterum inde ortum fuit, quia affueti fumus propter
defectum verborum æternitatem etiam rebus, quarum effentia diftinguitur ab earum exiftentia, tribuere, ut cum dicimus,
non implicat, mundum ab æterno fuiffe; atque etiam effentiis
rerum, quamdiu ipfas non exiftentes concipimus; eas enim
tum æternas vocamus. II°. Quia durationem rebus non tri-
buebant, nifi quatenus eas fub continua variatione effe judi-
cabant, non, uti nos, prout earum effentia ab earum exiftentia diftinguitur. III°. Denique quia Dei effentiam, fi-
cuti rerum creatarum, ab ejus exiftentia diftinxerunt. Hi, inquam, errores ipfis anfam errandi præbuerunt. Nam pri-
mus error in caufa fuit, ut non intelligerent, quid effet æternitas; fed ipfam tanquam aliquam fpeciem durationis confi-
derarent. Secundus, ut non facilè poffent invenire differentiam inter durationem rerum creatarum & inter Dei æternitatem. Ultimus denique, ut, cum duratio non fit, nifi exiftentiæ affectio, ipfique Dei exiftentiam ab ejus effentia di-
ftinxerint, Deo, ut jam diximus, durationem tribuerent.

Sed, ut melius intelligatur, quid fit *Æternitas*, & quomo-   *Quid fit*
do ipfa fine effentiâ divinâ non poffit concipi, confideran-   *æternitas?*
dum venit id, quod jam antea diximus, nempe res creatas,
five omnia præter Deum femper exiftere fola vi five effentia
Dei, non vero vi propria; unde fequitur præfentem exiftentiam rerum non effe caufam futuræ; fed tantum Dei immuta-
bilitatem, propter quam cogimur dicere, ubi Deus rem primò creavit, eam poftea continuò confervabit, feu eandem
illam creandi actionem continuabit. Ex quibus concludimus,
1°. Quod res creata, poteft dici frui exiftentia, nimirum quia
exiftentia non eft de ipfius effentia: Deus vero non poteft dici frui exiftentia, nam exiftentia Dei eft Deus ipfe; ficut etiam ipfius effentia; unde fequitur res creatas duratione frui:
Deum autem nullo modo. 2°. Omnes res creatas, dum præ-
fenti duratione & exiftentia fruuntur, futura omnino carere,
nempe quia continuò ipfis tribui debet: at de earum effentia
                                                                        nihil

nihil fimile poteft dici. Verum Deo, quia exiftentia eft de ipfius effentia, futuram exiftentiam tribuere non poffumus: eadem enim, quam tum haberet, etiamnum ipfi actu tribuenda eft, vel, ut magis proprie loquar, Deo infinita actu exiftentia competit eodem modo, ac ipfi actu competit infinitus intellectus. Atque hanc infinitam exiftentiam *Æternitatem* voco, quæ foli Deo tribuenda, non vero ulli rei creatæ; non, inquam, quamvis earum duratio utroque careat fine. Hæc de æternitate; de Dei neceffitate nihil dico; quia
non opus eft, cum ejus exiftentiam ex ejus effentiâ demonftravimus. Pergamus itaque ad unitatem.

CAP. II.
De Unitate Dei.

MIrati perſæpe fuimus futilia argumenta, quibus Dei
Unitatem aftruere conantur Authores, qualia funt, *Si
unus potuit mundum creare, cæteri effent fruſtrà, ſi omnia in eundem finem conſpirent, ab uno conditore ſunt producta,* & fimilia,
à relationibus aut denominationibus extrinſecis petita. Quapropter, illis omnibus infuper habitis, noftram demonftrationem, quàm clarè poterimus ac breviter, hic proponemus,
idque fequenti modò.

*Deum effe
unicum.* Inter Dei attributa numeravimus etiam fummam intelligentiam, addidimufque ipfum omnem fuam perfectionem à ſe,
non verò ab alio habere. Si jam dicas plures dari Deos, feu
entia fummè perfecta, neceffario omnes debebunt effe fummè intelligentes; quod ut fiat, non fufficit, unumquemque ſe
ipfum tantum intelligere: nam cum omnia intelligere debeat
unufquifque, & ſe & cæteros debebit intelligere: ex quo fe-
queretur, quod perfectio uniuscujufque intellectus partim à
ſe ipfo, partim ab alio dependeret. Non poterit igitur quilibet effe ens fummè perfectum, hoc eft, ut modo notavimus,
ens,

ens, quod omnem suam perfectionem à se, non verò ab alio
habet; cùm tamen jam demonstraverimus Deum ens perfectissimum esse, ipsumque existere. Unde jam possumus concludere, eum unicum tantùm existere, si enim plures existerent,
sequeretur ens perfectissimum habere imperfectionem, quod
est absurdum. Hæc de Dei Unitate.

CAP. III.

De Immensitate Dei.

DOcuimus antea, nullum ens posse concipi finitum, &
imperfectum, id est, de nihilo participans, nisi priùs ad
ens perfectum & infinitum attendamus, hoc est, ad Deum;
quare solus Deus dicendus absolutè infinitus, nimirum quatenus reperimus ipsum reverà constare infinita perfectione.
At immensus sive interminabilis etiam potest dici, quatenus
respicimus ad hoc, quod nullum detur ens, quo perfectio Dei
terminari possit. Ex quo sequitur, quod Dei *Infinitas*, invito vocabulo, sit quid maximè positivum; nam eatenus ipsum infinitum esse dicimus, quatenus ad ejus essentiam sive
summam perfectionem attendimus. *Immensitas* vero Deo tantùm respectivè tribuitur; non enim pertinet ad Deum, quatenus absolutè tanquam ens perfectissimum, sed quatenus ut
prima causa consideratur, quæ quamvis non esset perfectissi-
ma, nisi respectu entium secundariorum, nihilominus tamen
esset immensa; Nam nullum esset ens, & per consequens nullum posset ens concipi ipso perfectius, quo terminari, aut
mensurari posset.

Authores tamen passim, ubi de Dei *Immensitate* agunt,
videntur Deo quantitatem tribuere. Nam ex hoc attributo
concludere volunt, Deum necessario ubique præsentem debere esse, quasi vellent dicere, si Deus in aliquo non esset loco, ejus quantitas esset terminata. Quod idem adhuc melius

Quomodo Deus dicatur infinitus, quomodo immensus?

Vide fusius de his Ax. 9. part. 1.

Quid vulgo per Dei immensitatem intelligatur.

P   appa-

apparet ex aliâ ratione, quam afferunt ad oftendendum, **Deum** effe infinitum, five immenfum (hæc duo enim inter fe confundunt) & etiam effe ubique. Si Deus, ajunt, actus eft purus, ut revera eft, neceffariò eft ubique & infinitus; nam fi non effet ubique; aut non poterit effe, ubicunque vult effe, aut neceffario (NB) moveri debebit: unde clarè videre eft, illos *Immenfitatem* Deo tribuere, quatenus ipfum, ut quantum, confiderant; nam ex extenfiònis proprietatibus hęc argumenta fua petunt ad Dei *Immenfitatem* affirmandam, quo nihil eft abfurdius:

Deum effe ubique probatur. Si jam quæras, unde ergo nos probabimus, Deum effe ubique; refpondeo, id fatis fuperque à nobis jam demonftratum effe, ubi oftendimus nihil ne momento quidem exiftere poffe, quin fingulis momentis à Deo procreetur.

Omniprafentia Dei explicari nequit. Jam vero, ut Dei *ubiquitas* aut *præfentia in fingulis rebus* debite intelligi poffet, neceffario deberet perfpecta effe intima natura divinæ voluntatis, qua nimirum res creavit, quaque eas continuo procreat; quod cum humanum captum fuperet, impoffibile eft explicare, quomodo Deus fit ubique.

Dei Immenfitatem a quibufdam ftatui triplicem; fel mſle. Quidam ftatuunt Dei *Immenfitatem* effe triplicem, nempe effentiæ, potentiæ, & denique præfentiæ; fed illi nugas agunt; videntur enim diftinguere inter Dei effentiam & ejus potentiam.

Dei potentiam non diftingui ab ejus effentia. Quod idem etiam alii magis aperte dixerunt, ubi nempe ajunt, Deum effe ubique per potentiam; non autem per effentiam: quafi vero Dei potentia diftinguatur ab omnibus ejus attributis, feu infinita effentia: cum tamen nihil aliud effe poffit. Si enim aliud quid effet, vel effet aliqua creatura, vel aliquid divinæ effentiæ accidentale, fine quo concipi poffet: quod utrumque abfurdum eft. Si enim creatura effet, indigeret Dei potentia, ut confervaretur, & fic daretur progreffus in infinitum. Si verò accidentale quid, non effet Deus ens fimpliciffimum, contra id, quod fuprà demonftravimus.

Denique per *Immenfitatem* præfentię etiam videntur aliquid **velle**

velle præter essentiam Dei, per quam res creatæ sunt, & continuo conservantur. Quæ sane magna est absurditas, in quam lapsi sunt ex eo, quod Dei intellectum cum humano confuderunt, ejusque potentiam cum potentia regum sæpe compararunt.

Nec illius Omnipræsentiam.

CAP. IV.
De Immutabilitate Dei.

PEr *Mutationem* inteiligimus hoc loco omnem illam variationem, quæ in aliquo subjecto dari potest, integra permanente ipsa essentia subjecti; quamvis vulgò etiam latius sumatur ad significandam rerum corruptionem, non quidem absolutam, sed quæ simul includit generationem corruptioni subsequentem, ut cum dicimus cæspites in cineres mutari, homines mutari in bestias. Verum Philosophi ad hoc denotandum alio adhuc vocabulo utuntur, nempe *Transformationis.* At nos hic tantum de illa mutatione loquimur, in qua nulla datur subjecti transformatio, ut cum dicimus Petrus mutavit colorem, mores &c.

Quid sit Mutatio, quid Transformatio.

Videndum jam an in Deo tales mutationes habeant locum; nam de *transformatione* nihil dicere opus, postquam docuimus Deum necessariò existere, hoc est, Deum non posse desinere esse, seu in alium Deum transformari; nam tum & esse desineret, & simul plures dii dari possent, quod utrumque absurdum esse ostendimus.

In Deo Transformationem locum non habere.

Ut autem, quæ hic dicenda supersunt, distinctius inteiligantur, venit considerandum, quod omnis *mutatio* procedat vel à causis externis, volente aut nolente subjecto, vel à causa interna, & electione ipsius subjecti. Ex. grat. hominem nigrescere, ægrotare, crescere, & similia procedunt à causis externis; illa invito subjecto, hoc verò ipso subjecto cupiente; velle autem ambulare, se iratum ostendere &c. proveniunt à causis internis.

Quæ sint Mutationis causæ.

P 2   Prio-

Deum non mutari ab alio.

Priores vero *mutationes*, quæ à caufis externis procedunt, in Deo nullum habent locum; nam folus eft omnium rerum caufa, & à nemine patitur. Adde quòd nihil creatum in fe ullam habeat vim exiftendi; adeoque multo minus aliquid extra fe, aut in fuam caufam operandi. Et, quamvis in facris Litteris fæpe inveniatur, quod Deus propter peccata hœminum iratus & triftis fuerit, & fimilia; in iis effeĉtus fumitur pro caufa; quemadmodum etiam dicimus, Solem æftate quam hyeme fortiorem & altiorem effe, quamvis neque fitum mutaverit, neque vires refumpferit. Et quod talia etiam in facris Litteris fæpe doceantur videre eft in Efaiâ; ait enim cap. 59. v. 2, ubi populum increpat; *pravitates veftræ vos à veftro Deo feparant.*

Nec etiam à fe ipfo.

Pergamus itaque, & inquiramus, an in Deo à Deo ipfo ulla detur mutatio. Hanc verò in Deo dari non concedimus, imo ipfam prorfus negamus; nam omnis mutatio, quæ à voluntate dependet, fit ut fubjeĉtum fuum in meliorem mutet ftatum, quod in ente perfeĉtiffimo locum habere nequit. Deinde etiam talis mutatio non datur, nifi aliquod incommodum evitandi, aut aliquod bonum, quod deeft, acquirendi gratiâ; quod utrumque in Deo nullum locum habere poteft. Unde concludimus Deum effe ens immutabile.

Nota, me communes mutationis divifiones hic confultò omififfe, quamvis aliquo modo ipfas etiam complexi fumus; nam non opus fuit ipfas fingulatim à Deo removere, cum propof. 16. part. 1. demonftraverimus, Deum effe incorporeum, & communes illæ divifiones folius materiæ mutationes tantum contineant.

C A P. V.

De Simplicitate Dei.

Rerum Diftinĉtio triplex Realis, Modalis, Rationis.

PErgamus ad Dei Simplicitatem. Hoc Dei attributum ut reĉtè intelligatur, in memoriam revocanda funt, quæ

Princip. Philofophiæ part. 1. Art. 48. & 49. Cartefius tradidit:
nimirum in rerum naturâ nihil præter fubftantias & earum
modos dari, unde triplex rerum diftinctio deducitur, Artic.
60. 61. & 62. *Realis* fcilicet *modalis* & *rationis*. *Realis* vocatur
illa, qua duæ fubftantiæ inter fe diftinguuntur, five diverfi,
five ejufdem attributi: ut ex. gr. cogitatio, & extenfio, vel
partes materiæ. Hæcque ex eo cognofcitur, quod utraque
fine ope alterius concipi & per confequens exiftere poffit.
Modalis duplex oftenditur, nimirum quæ eft inter modum fubftantiæ, & ipfam fubftantiam; ac quæ eft inter duos modos
unius ejufdemque fubftantiæ. Atque hanc ex eo cognofcimus,
quod, quamvis uterque modus abfque ope alterius concipiatur, neuter tamen abfque ope fubftantiæ, cujus funt modi:
Illam vero ex eo, quod, quamvis fubftantia illa poffit concipi
fine fuo modo, modus tamen fine fubftantia concipi nequeat.
Rationis denique ea effe dicitur, quæ oritur inter fubftantiam & fuum attributum; ut cum duratio ab extenfione diftinguitur. Hæcque etiam ex eo cognofcitur, quod talis fubftantia non poffit fine illo attributo intelligi.

Ex his tribus omnis compofitio oritur. Prima enim com- *Undenam omnis com-pofitio ori-tur, & quo-tuplex fit.*
pofitio eft, quæ fit ex duabus aut pluribus fubftantiis ejufdem
attributi, ut omnis compofitio, quæ fit ex duobus aut pluribus corporibus; five diverfi attributi, ut homo. Secunda
fit unione diverforum modorum. Tertia denique non fit, fed
tantum ratione quafi fieri concipitur, ut eo facilius res intelligatur. Quæ autem hifce prioribus duobus modis non componuntur, fimplicia dicenda funt.

Oftendendum itaque Deum non effe quid compofitum, ex *Deum effe Ens fimpli-ciffimum.*
quo poterimus concludere ipfum effe ens fimpliciffimum, quod
facile effectum dabimus. Cum enim per fe clarum fit, quod
partes componentes priores funt natura ad minimum re compofita, neceffario fubftantiæ illæ, ex quarum coalitione & unione Deus componitur, ipfo Deo priores erunt natura, & unaquæque per fe poterit concipi, quamvis Deo non tribuatur.

Dein-

Deinde, cum illa inter fe neceffario realiter diftinguantur, neceffario etiam unaquæque per fe abfque ope aliarum poterit exiftere; ac fic, ut modo diximus, tot poffent dari dii, quot funt fubftantiæ, ex quibus Deum componi fupponeretur. Nam cum unaquæque per fe poffit exiftere, à fe debebit exiftere; ac proinde etiam vim habebit fibi dandi omnes perfectiones, quas Deo ineffe oftendimus &c. ut jam propof. 7. part. 1. ubi exiftentiam Dei demonftravimus, fufe explicuimus. Cum autem hoc nihil abfurdius dici poffit, concludimus Deum non componi ex coalitione & unione fubftantiarum. Quod in De8 etiam nulla detur compofitio diverforum modorum fatis convincitur ex eo, quod in Deo nulli dentur modi: modi enim oriuntur ex alteratione fubftantiæ, vide Princ. Part. 1. Art. 56. denique fi quis velit aliam compofitionem fingere ex rerum effentiâ & earum exiftentiâ; huic nequaquam repugnamus. At memor fit nos jam fatis demonftraffe, hæc duo in Deo non diftingui.

Dei Attributa diftingui tantum ratione. Atque hinc jam clarè poffumus concludere, omnes diftinctiones, quas inter Dei attributa facimus, non alias effe, quam rationis, nec illa reverâ inter fe diftingui: intellige tales rationis diftinctiones, quales modo retuli, nempe quæ ex eo cognofcuntur, quod talis fubftantia non poffit fine illo attributo effe. Unde concludimus Deum effe ens fimpliciffimum. Cæterum Peripateticorum diftinctionum farraginem non curamus, tranfimus igitur ad Dei vitam.

C A P. VI.
De Vita Dei.

Quid vulgò per vitam intelligant Philofophi. UT hoc attributum, *Vita* fcilicet Dei, rectè intelligatur, neceffe eft, ut generaliter explicemus, quid in unaquaque re per ejus vitam denotetur. Et 1°. fententiam Peripateticorum examinabimus. Hi per vitam intelligunt *manfionem altricis animæ cum calore*, vide Arift. lib. 1. de Refpirat. cap. 8. Et
quia

quia tres finxerunt animas, vegetativam scilicet, sensitivam, & intellectivam, quas tantum plantis, brutis & hominibus tribuunt; sequitur, ut ipsimet fatentur, reliqua vitæ expertia esse. At interim dicere non audebant, mentes & Deum vitâ carere. Verebantur fortasse, ne in ejus contrarium inciderent, nempe si vitâ careant, mortem eos obiisse. Quare Aristoteles Metaph. lib. 11. cap. 7. adhuc aliam definitionem vitæ tradit, mentibus tantum peculiarem, nempe *Intellectus operatio vita est*; & hoc sensu Deo, qui scilicet intelligit, & actus purus est, vitam tribuit Verum in his refutandis non multum defatigabimur; nam quod ad illas tres animas, quas plantis brutis & hominibus tribuunt, attinet, jam satis demonstravimus, illas non esse nisi figmenta; nempe quia ostendimus in materia nihil præter mechanicas texturas & operationes dari. Quod autem ad vitam Dei attinet, nescio cur magis actio intellectus apud ipsum vocetur, quam actio voluntatis, & similium. Verum, quia nullam ejus responsionem exspecto, ad id, quod promisimus, explicandum transeo, nempe quid vita sit.

Et quamvis hæc vox per translationem sæpe sumatur ad significandum mores alicujus hominis; nos tamen solum, quid philosophice eâ denotetur, breviter explicabimus. Notandum autem est, quod si vita rebus etiam corporeis tribuenda sit, nihil erit vitæ expers; si vero tantum iis, quibus anima unita est corpori, solummodo hominibus, & forte etiam brutis tribuenda erit; non vero mentibus, nec Deo. Verum cum vocabulum vitæ communiter latius se extendat, non dubium est, quin etiam rebus corporeis, mentibus non unitis, & mentibus à corpore separatis tribuendum sit. *Quibus rebus vita tribui possit.*

Quare nos per *vitam* intelligimus *vim, per quam res in suo esse perseverant.* Et quia illa vis à rebus ipsis est diversa; resipsas habere vitam proprie dicimus. Vis autem, quâ Deus in suo esse perseverat; nihil est præter ejus essentiam, unde optime loquuntur, qui Deum vitam vocant. Nec desunt Theologi qui *Quid sit vita, & quid sit in Deo.*

qui fentiunt, Judæos hac de caufa, nempe quod Deus fit vita, & à vita non diftinguatur, cum jurabant, dixiſſe, חֵי יְהֹוָה *vivus Jehova*; non vero חֵי יְהֹוָה *vita Jehova*, ut Joſeph cum per vitam Pharaonis jurabat, dicebat חֵי פַרְעֹה *vita Pharaonis*.

CAP. VII.

De Intellectu Dei.

Deum eſſe omniſcium. INter attributa Dei numeravimus antea *Omniſcientiam*, quam ſatis conſtat Deo competere; quia ſcientia continet in ſe perfectionem, & Deus, ens nempe perfectiſſimum, nulla perfectione carere debet: quare ſcientia ſummo gradu Deo erit tribuenda, ſcilicet talis, quæ nullam præſupponat vel ſupponat ignorantiam, ſive ſcientiæ privationem: nam tum daretur imperfectio in ipſo attributo, ſive in Deo. Ex his ſequitur Deum nunquam habuiſſe intellectum potentiâ, neque per ratiocinium aliquid concludere.

Objectum ſcientiæ Dei non eſſe res extra Deum. *Hinc clarè ſequitur intellectum Dei, quo res creatas intelligit & ejus voluntatem & potentiam, qua ipſas determinavit, unum & idem eſſe.* Porro ex perfectione Dei etiam ſequitur ejus ideas non terminari, ſicuti noſtræ, ab objectis extra Deum poſitis. Sed contra res, extra Deum à Deo creatæ, à Dei intellectu determinantur*; nam aliàs objecta per ſe ſuam haberent naturam & eſſentiam, & priores eſſent, ſaltem naturâ, divino intellectu, quod abſurdum eſt. Et quia hoc à quibuſdam non ſatis obſervatum fuit, in enormes errores inciderunt. Statuerunt nimirum aliqui, dari extra Deum materiam, ipſi coæternam, à ſe exiſtentem, quam Deus intelligens ſecundum aliquos in ordinem tantum redegit, ſecundum alios formas ipſi inſuper impreſſit. Alii deinde res ex ſuâ naturâ vel neceſſarias, vel impoſſibiles, vel contingentes eſſe ſtatuerunt, ideoque Deum has etiam ut contingentes noſcere, & prorſus ignorare, an exiſtent, vel non. Alii denique dixerunt, Deum contingentia noſcere ex circumſtantiis, forte quia longam habuit experien-

rientiam. Præter hos adhuc alios hujufmodi errores hic ad-
ferre poffem, nifi id fupervacaneum judicarem; cum ex antedictis eorum falfitas fponte fe patefaciat.

Revertamur itaque ad noftrum propofitum, nempe quod *Sed Deum*
extra Deum nullum detur objectum ipfius fcientiæ, fed ipfe *ipfum.*
fit fcientiæ fuæ objectum, imò fua fcientia. Qui autem putant, mundum etiam objectum Dei fcientiæ effe, longè minus fapiunt, quàm qui ædificium, ab aliquo infigni Architecto
factum, objectum fcientiæ illius ftatui volunt: nam faber adhuc extra fe materiam idoneam quærere cogitur: At Deus
nullam extra fe materiam quæfivit; fed res quoad effentiam &
exiftentiam ab ejus intellectu five voluntate fabricatæ fuerunt.

Quæritur jam, an Deus nofcat mala, five peccata, & entia *Quomodo*
rationis, & alia fimilia. Refpondemus, Deum illa, quorum *Deus nof-*
eft caufa, neceffario debere intelligere; præfertim cum ne *cat pecca-*
momento quidem poffint exiftere, nifi concurrente concur- *ta, & en-*
tia ratio-
fu divino. Cum ergo mala & peccata in rebus nihil fint, fed *nis, &c.*
tantum in mente humanâ, res inter fe comparante; fequitur
Deum ipfa extra mentes humanas non cognofcere. Entia rationis modos effe cogitandi diximus, & hac ratione à Deo intelligi debent, hoc eft, quatenus percipimus, illum mentem
humanam, utut conftituta eft, confervare & procreare; non
verò quod Deus tales modos cogitandi habeat in fe, ut ea,
quæ intelligit, facilius retineat. Atque ad hæc pauca, quæ
diximus, fi modo rectè attendatur; nihil circa Dei intellectum proponi poterit, quòd facillimo negotio non folvi queat.

Sed interim non prætereundus error quorundam, qui fta- *Quomodo*
tuunt Deum nihil præter res æternas cognofcere, ut nempe *fingularia,*
angelos, & cœlos, quos fuâ naturâ ingenerabiles & incor- *& quomo-*
do univer-
ruptibiles finxerunt; hujus autem mundi nihil, præter fpe- *falia.*
cies, utpote etiam ingenerabiles & incorruptibiles. Hi fanè
videntur, quafi ftudio errare velle, & abfurdiffima excogitare.
Quid enim magis abfurdum, quam Dei cognitionem à fingu-
laribus, quæ fine Dei concurfu ne per momentum quidem

Q

effe

esse possunt, arcere. Deinde res realiter existentes Deum ignorare statuunt, universalium autem, quæ non sunt, nec ullam habent præter singularium essentiam, cognitionem Deo affingunt. Nos autem contra Deo singularium cognitionem tribuimus, universalium denegamus, nisi quatenus mentes humanas intelligit.

In Deo tantum unam esse & simplicem ideam.

Denique, antequam huic argumento finem imponamus, satisfaciendum videtur quæstioni, qua quæritur an in Deo plures sint ideæ, an tantum una & simplicissima. Ad hanc respondeo, quòd idea Dei, per quam omniscius vocatur, unica & simplicissima est. Nam revera Deus nullà aliâ ratione vocatur omniscius, nisi quia habet ideam sui ipsius, quæ idea sive cognitio simul semper cum Deo exstitit; nihil enim est præter ejus essentiam, nec illa alio modo potuit esse.

Quæ sit Dei scientia circa res creatas.

At cognitio Dei circa res creatas non adeò propriè ad scientiam Dei referri potest; nam si Deus voluisset, aliam res creatæ habuissent essentiam, quod nullum obtinet locum in cognitione, quam Deus de se ipso habet. Quæretur tamen, an illa propriè vel impropriè dicta rerum creatarum cognitio sit multiplex, an unica. Verum, ut respondeamus, hæc quæstio nihil differt ab illis, quibus quæritur, an Dei decreta & volitiones sint plures, vel non; & an Dei ubiquitas, sive concursus, quo res singulares conservat, sit idem in omnibus; de quibus jam diximus nos nullam distinctam cognitionem habere posse. Attamen evidentissimè scimus, eodem modo, ac Dei concursus, si ad Dei omnipotentiam referatur, unicus esse debet; quamvis in effectis diversimodè patefiat: sic etiam Dei volitiones & decreta (sic enim vocare libet ejus cognitionem circa res creatas) in Deo considerata non esse plura, quamvis per res creatas, vel meliùs in rebus creatis diversimodè expressa sint. Denique si ad analogiam totius naturæ attendimus, ipsam, ut unum ens, considerare possumus, & per consequens una tantum erit Dei idea sive decretum de natura naturata.

CAP

CAP. VIII.

De Voluntate Dei.

VOluntas Dei, quâ fe vult amare, neceffariò fequitur ex infinito ejus intellectu, quo fe intelligit. Quomodo autem hæc tria inter fefe diftinguantur, ejus fcilicet effentia, intellectus, quo fe intelligit, & voluntas, qua fe amare vult, inter defiderata reponimus. Nec fugit nos vocabulum (*perfonalitatis* fcilicet), quod Theologi paffim ufurpant ad rem explicandam : verum, quamvis vocabulum non ignoremus, ejus tamen fignificationem ignoramus, nec ullum clarum & diftinctum conceptum illius formare poffumus; quamvis conftanter credamus in vifione Dei beatiffima, quæ fidelibus promittitur, Deum hoc fuis revelaturum.

Voluntas & *Potentia* quoad extra non diftinguuntur à Dei intellectu, ut jam fatis ex antecedentibus conftat; nam, oftendimus Deum non tantum decreviffe res exftituras; fed etiam tali natura exftituras, hoc eft, earum effentiam & earum exiftentiam à Dei voluntate & potentiâ pendere debuiffe : ex quibus clarè & diftinctè percipimus, intellectum Dei, ejufque potentiam, & voluntatem, qua res creatas creavit, intellexit, & confervat, five amat, nullo modo inter fe diftingui, fed tantum refpectu noftræ cogitationis.

Cum autem dicimus, Deum quædam odio habere, quædam amare; hæc eodem fenfu dicuntur, quo Scriptura habet, terram homines evomituram, & id genus alia. Quod autem Deus nemini fit iratus, nec res tali modo amat, quali vulgus fibi perfuadet, fatis ex ipfa Scriptura colligere eft : ait enim Efaias, & clarius Apoft. cap. 9. ad Roman. *Nondum enim natis (filiis nempe Ifaei), cum neque boni quippiam feciffent, neque mali, ut fecundum electionem propofitum Dei maneret, non ex operibus, fed ex vocante dictum eft illi, quod major fervi turus effet minori, &c.* Et paulo poft, *Itaque cujus vult, miferetur,*

tur,

Quomodo Dei Effentia, & intellectus, quo fe intelligit, & voluntas, qua fe amat, diftinguantur, nos nefcire.

Voluntatem & Potentiam Dei, quoad extra, non diftingui ab ejus intellectu.

Deum improprie quædam odio habere, quædam amare.

tur, quem autem vult, indurat. Dices ergo mihi, quid adhuc conqueritur: nam voluntati illius quis restitit? vere, ô homo, tu quis es, qui ex adverso respondes Deo: num dicet figmentum ei, qui finxit, cur me finxisti hoc pacto? an non habet potestatem figulus luti, ut ex eadem massa faciat aliud quoddam vas in honorem, aliud in ignominiam? &c.

Cur Deus homines monet, cur non salvat absque monitione: & cur impii puniantur. Si jam quæras, cur ergo Deus homines monet. Ad hoc facile respondetur, scilicet Deum ideo ab æterno decrevisse illo tempore homines monere, ut illi converterentur, quos voluit salvos. Si porro quæris, an Deus non potuerat illos salvare sine illa monitione. Respondemus, potuisset. Cur ergo non salvat, forsan iterum quæres. Ad hoc respondebo, postquam mihi dixeris, cur Deus mare rubrum sine vento orientali vehementi non pervium reddidit, & omnes motus singulares sine aliis non perficiat, aliaque infinita, quæ Deus agit mediantibus causis. Rogabis denuo, cur igitur impii puniuntur; sua enim natura agunt & secundum decretum divinum. At respondeo, etiam ex decreto divino esse, ut puniantur; & si tantum illi, quos non nisi ex libertate fingimus peccare, essent puniendi, cur homines serpentes venenosos exterminare conantur; ex natura enim propria tantum peccant, nec aliud possunt.

Scripturam nihil docere, quod lumini naturæ repugnet. Denique si quæ adhuc alia occurrunt in Sacris Scripturis, quæ scrupulum injiciant, non est hujus loci illa explicare; nam hic tantum in ea inquirimus, quæ ratione naturali certissimè assequi possumus, & satis est, nos illa evidenter demonstrare, ut sciamus Sacram paginam eadem etiam docere debere; nam veritas veritati non repugnat, nec Scriptura nugas, quales vulgo fingunt, docere potest. Si enim in ipsa inveniremus aliquid, quod lumini naturali esset contrarium, eadem libertate, qua Alcoranum, & Thalmud refellimus, illam refellere possemus. Sed absit cogitare, quod in sacris Literis aliquid reperiri possit, quod lumini naturæ repugnet.

CAP.

CAP. IX.

De Potentiâ Dei.

QUod Deus sit omnipotens, jam satìs demonstratum est. *Quomodo* Hic tantum breviter explicare conabimur, quomodo hoc *Omnipotentia Dei* attributum intelligendum sit; nam multi non satìs piè, nec se- *intelligenda sit.* cundum veritatem de eo loquuntur. Ajunt enim res quasdam sua natura & non ex decreto Dei esse possibiles, quasdam impossibiles, & denique quasdam necessarias, Deique omnipotentiam tantùm circa possibilia locum habere. Nos verò, qui jam ostendimus omnia à decreto Dei absolutè dependere, dicimus Deum esse omnipotentem: at postquam intelleximus, eum quædam decrevisse ex mera libertate suæ voluntatis, ac deinde eum esse immutabilem; dicimus jam, contra sua decreta nihil agere posse; ideoque esse impossibile ex eo solo, quod pugnet cum perfectione Dei.

Sed forte quis arguet, nos non invenire quædam necessaria *Omnia esse* esse, nisi ad Dei decretum attendentes, quædam vero econ- *necessaria respectu de-* tra ad Dei decretum non attendentes, ex. gr. quod Josias ossa *creti Dei,* idololatrarum super ara Jeroboami combureret; nam si tan- *non autem quædam in* tum ad voluntatem Josiæ attendamus, rèm ut possibilem ju- *se; quæ-* dicabimus, nec ullo modo necessariò futuram dicemus, nisi *dam respe-* ex eo, quod Propheta ex decreto Dei hoc prædixerat: At, *ctu decreti.* quòd tres anguli trianguli æquales debeant esse duobus rectis, ipsa res indicat. Sed sanè hi ex sua ignorantia distinctiones in rebus fingunt. Nam si homines clarè totum ordinem naturæ intelligerent, omnia æque necessaria reperirent, ac omnia illa, quæ in Mathesi tractantur; sed quia hoc supra humanam cognitionem est, ideo à nobis quædam possibilia, non vero necessaria judicantur. Quocirca vel dicendum, quod Deus nihil potest, quoniam omnia reverà necessaria sunt, vel Deum omnia posse, & necessitatem, quam in rebus reperimus, à solo Dei decreto provenisse.

Q 3

Si

Quod si
Deus aliam
fecisset re-
rum natu-
ram, etiam
nobis a-
liam de-
buisset dare
intellectum.

Si jam quæratur, quid, si Deus res aliter decrevisset, & illa, quç jam vera sunt, falsa esse fecisset, an non illa tamen pro
verisimis agnosceremus. Imo profecto, si Deus nobis naturam, quam dedit, reliquisset: sed etiam tum potuisset, si voluisset, nobis dare talem naturam, utijam fecit, quâ rerum
naturam & leges, prout à Deo sancitæ essent, intelligeremus:
imò si ad ipsius veracitatem attendamus, dare debuisset.
Quod idem etiam patet ex eo, quod supra diximus, nimirum
quod tota natura naturata non sit nisi unicum ens: unde sequitur hominem partem esse naturæ, quæ cum cęteris cohæ-
rere debet; quare ex simplicitate decreti Dei etiam sequeretur,
quod si Deus res alio modo creasset, simul etiam nostram naturam ita constituisset, ut res, prout à Deo creatæ essent, intelligeremus. Unde nos, quamvis eandem distinctionem potentiæ Dei, quam vulgo tradunt Philosophi retinere cupia-
mus; ipsam tamen aliter explicare cogimur.

Quotuplex
sit Poten-
tia Dei.
Quid ab-
soluta,
quid ordi-
nata, quid
ordina-
ria, quid
extraordi-
naria.

Dividimus itaque *potentiam Dei* in *ordinatam* & *absolutam.*
Absolutam potentiam Dei esse dicimus, cum ejus omnipotentiam ad ejus decreta non attendentes consideramus; *ordi-*
natam vero, cum respicimus ad ejus decreta.

Porro datur potentia *ordinaria* & *extraordinaria* Dei. *Ordi-*
naria est, quâ mundum certo ordine conservat; *extraordina-*
ria, cum aliquid agit præter naturæ ordinem, ut ex. gr. omnia
miracula, qualia sunt locutio asinæ, aparitio angelorum &
similia: quamvis de hac postrema non immeritò valdè du-
bitari posset; cum majus videatur esse miraculum, si Deus mundum semper uno eodemque certo atque immutabili ordine
gubernaret, quam si leges, quas ipse in natura optime & ex
mera libertate sancivit, (quod à nemine nisi penitus occæcato
inficias iri potest) propter stultitiam hominum abrogaret.
Verum hoc decernere Theologis relinquimus.

Denique quæstiones alias, quæ circa potentiam Dei communiter adferri solent, nimirum, *utrum ad præterita extendatur*
Dei potentia; an possit meliora facere ea, quæ facit; num possit
plura

plura alia facere, quam fecit, omittimus, facillime enim ex antedictis ad eas responderi potest.

CAP. X.
De Creatione.

DEum omnium rerum creatorem jam antea statuimus: hic jam conabimur explicare, quid per creationem intelligendum sit : deinde ea, quæ circa creationem communiter proponuntur, pro viribus enucleabimus. A primo itaque incipiamus.

Dicimus igitur *creationem* esse *operationem, in qua nulla causa* *præter efficientem concurrunt*, sive *res creata est illa, quæ ad existendum nihil præter Deum præsupponit.* *Quid sit* *Creatio.*

Ubi notandum venit, 1o. nos illa verba omittere, quæ communiter Philosophi usurpant, nempe *ex nihilo*, quasi nihil fuisset materia, ex quà res producebantur. Quod autem sic loquantur inde est, quod, cùm soleant, ubi res generantur, aliquid ante ipsas supponere, ex quo fiant, in creatione illam particulam *ex* non potuerunt omittere. Idem ipsis contigit circa materiam, nempe, quia vident omnia corpora in loco esse, & ab aliis corporibus cingi, ideo sibi quærentibus, ubi integra esset materia, responderunt, in aliquo spatio imaginario. Unde non dubium est, quin illi τὸ *nihil* non ut negationem omnis realitatis consideraverint, sed aliquid reale esse finxerint, aut imaginati fuerint. *Creatio. is* *vulgaris* *Definitio* *rejicitur.*

2°. Quod dico, in creatione nullas alias causas concurrere præter efficientem. Potueram quidem dicere, creationem omnes causas præter efficientem *negare* sive *secludere :* Attamen malui *concurrere*, ne cogerer respondere iis, qui quærunt, an Deus nullum finem sibi præfixit in creatione, propter quem res creavit. Præterea, ut rem melius explicarem, secundam addidi definitionem, scilicet rem creatam nihil præsupponere præter Deum ; quia nempe si Deus aliquem finem sibi præ- *Propria* *explicatur.*

præ-

præfixit, ille fane non fuit extra Deum, nihil enim extra Deum datur, à quo ipfe incitetur ad agendum.

Accidentia & modos non creari. 3°. Ex hac definitione fatis fequi, accidentium & modorum nullam dari creationem; præfupponunt enim præter Deum fubftantiam creatam.

Nullum fuiſſe tempus aut durationem ante creationem. 4°. Denique ante creationem nullum nos poſſe imaginari tempus, neque durationem; fed hæc cum rebus incepiſſe. Tempus enim menfura eft durationis, five potius nihil eft præter modum cogitandi. Quare non tantum præfupponit quamcumque rem creatam, fed præcipuè homines cogitantes. Duratio autem definit, ubi res creatæ definunt eſſe, & incipit, ubi res creatæ exiftere incipiunt; *res creatæ* inquam, nam Deo nullam competere, fed tantum æternitatem, jam fupra fatis evidenter oftendimus. Quare duratio res creatas præfupponit, aut ad minimum fupponit. Qui autem durationem & tempus ante res creatas imaginantur, eodem præjudicio laborant ac illi, qui extra materiam fpatium fingunt, ut per fe fatis eft manifeftum. Hæc de creationis definitione.

Eandem eſſe Dei operationem mundi creandi, quam confervandi. Porro non eft opus, ut hic iterum repetamus id, quod Ax. 10. part. 1. demonftravimus; nimirum tantundem virium requiri ad rem creandam, quam ad ipfam confervandam, hoc eft, eandem eſſe Dei operationem mundi creandi, quam confervandi.

His fic notatis pergamus jam ad id, quod fecundo loco promifimus. 1°. Igitur inquirendum, quid creatum eft, quid increatum. 2°. An id quod creatum eft, potuerit ab æterno creari.

Quænam fint crea:a. Ad primum igitur, breviter refpondemus, id omne creatum eſſe, cujus eſſentia clarè concipitur fine ulla exiftentiâ, & tamen per fe concipitur, ut ex. gr. materia, cujus conceptum clarum & diftinctum habemus, cum illam fub attributo extenfionis concipimus, eamque æque clarè & diftinctè concipimus, five exiftat, five non exiftat.

At

At quis fortaſſe dicet, nos cogitationem clarè & diſtinctè percipere ſine exiſtentiâ, eamque tamen Deo tribuere; Sed ad hoc Reſp. nos non talem cogitationem Deo tribuere, qualis noſtra eſt, patibilem ſcilicet, & quæ à rerum natura terminatur; ſed talem, quæ purus actus eſt, ideoque exiſtentiam involvens, ut ſatis prolixe ſupra demonſtravimus. Oſtendimus enim Dei intellectum & voluntatem ab ipſius potentiâ & eſſentiâ, quæ exiſtentiam involvit, non diſtingui.

Quomodo Dei cogitatio a noſtra differat.

Cum itaque omne id, cujus eſſentia nullam involvit exiſtentiam, neceſſariò, ut exiſtat, à Deo creari debeat, & continuo, ut ſupra multis expoſuimus, ab ipſo creatore conſervari, in eorum ſententiâ refutandâ non morabimur, qui mundum, aut chaos, aut materiam ab omni formâ nudatam coæternam Deo, adeoque independentem ſtatuerunt; Quare ad ſecundam partem pergendum, inquirendumque, an id, quod creatum eſt, ab æterno creari potuerat?

Non eſſe quod extra Deum Deo creuces num.

Hoc ut rectè intelligatur, attendendum eſt ad hunc loquendi modum, *ab æterno*; eo enim nos aliud prorſus hoc loco ſignificare volumus, quam id, quod antehac explicuimus, ubi de Dei æternitate locuti ſumus. Nam hic nihil aliud intelligimus, quàm durationem abſque principio durationis, vel talem durationem, quam, quamvis eam per multos annos aut myriadas annorum multiplicare vellemus, atque hoc productum iterum per myriadas, nunquam tamen ullo numero, quantumvis magno, exprimere poſſemus.

Quid hic vocibus, ab æterno, denotetur.

Talem autem durationem non poſſe dari, clarè demonſtratur. Nam ſi mundus iterum ab hoc puncto retrograderetur, nunquam talem durationem habere poterit: ergo etiam mundus à tali principio uſque ad hoc punctum pervenire non potuiſſet. Dices fortè Deo nihil eſſe impoſſibile; eſt enim omnipotens, adeoque poterit efficere durationem, quâ major non poſſet dari. Reſpondemus, Deum, quia eſt omnipotens, nunquam durationem creaturum, qua major ab ipſo creari non poſſit. Talis enim eſt natura durationis, ut ſemper ma-

Non potuiſſe aliquid ab æterno creari, probatur.

R   jor

jor & minor datâ poſſit concipi,ſicuti numerus. Inſtabis fortè,
Deum ab æterno fuiſſe, adeoque uſque in hoc tempus duraſſe, ac ſic durationem dari, quâ major concipi nequit. Verùm
hoc modo tribuitur Deo duratio partibus conſtans, quod à
nobis ſatis ſuperque refutatum eſt, ubi Deo non durationem,
ſed æternitatem competere demonſtravimus; quod utinam
homines probè conſideraſſent: nam & ex multis argumentis
& abſurditatibus facillimè ſe extricare potuiſſent, & maximâ
cum delectatione in beatiſſimâ hujus entis contemplatione de-
tenti fuiſſent.

    Verumenimvero pergamus ad argumentorum, quæ à qui-
buſdam adferuntur, reſponſionem, nempe quibus conantur
oſtendere poſſibilitatem talis infinitæ durationis à parte ante.

Ex eo, quod Deus ſit æ- ternus, non ſequi illius effecta et- iam eſſe poſſe ab æ- terno.

    Primò igitur afferunt, *rem productam poſſe ſimul tempore eſſe
cum cauſâ; cum autem Deus fuerit ab æterno, potuerunt etiam ejus
effectus ab æterno fuiſſe producti.* Atque hoc inſuper confirmant
exemplo filii Dei, qui ab æterno à patre productus eſt. Verum ex
antedictis clarè videre eſt, hos *æternitatem* cum duratione confundere, Deoque durationem tantum ab æterno tribuere:
quod etiam clarè apparet exemplo, quod adferunt. Nam eandem æternitatem, quam Dei filio tribuunt, creaturis poſſibilem eſſe ſtatuunt. Deinde tempus & durationem ante mundum conditum imaginantur,& durationem abſque rebus creatis ſtatuere volunt, ſicuti alii æternitatem extra Deum, quod
utrumque à vero alieniſſimum eſſe jam conſtat. Reſpondemus
itaque falſiſſimum eſſe, Deum ſuam æternitatem creaturis
communicare poſſe, nec filium Dei creaturam eſſe: ſed, uti
patrem, æternum eſſe. Cum itaque dicimus patrem filium ab
æterno genuiſſe, nihil aliud volumus, quam patrem ſuam
æternitatem filio ſemper communicaſſe.

Deum, ſi neceſſario ageret, non eſſe infinitæ virtutis.

    Argumentantur 2°. *quod Deus, cum liberè agat, non mino-
ris ſit potentiæ, quam cum agit neceſſario: At ſi Deus neceſſario
ageret, cum ſit infinitæ virtutis, mundum ab æterno creare debuiſſet.*
Sed ad hoc argumentum etiam perfacilè reſponderi poteſt,

ſi at-

si attendatur ad ejus fundamentum. Boni enim isti viri sup-
ponunt, se diversas ideas entis infinitæ virtutis posse habere;
nam Deum, & cum ex necessitate naturæ agit, & cum libere
agit, infinitæ virtutis esse concipiunt. Nos verò negamus
Deum, si ex necessitate naturæ ageret, infinitæ esse virtutis,
quod nobis jam negare licet, imò necessario ab iis etiam concedendum est; postquam demonstravimus ens perfectissimum
liberè agere, & non nisi unicum posse concipi. Quod si verò
regerant, poni tamen posse, quamvis id impossibile sit,
Deum ex necessitate naturæ agentem infinitæ esse virtutis:
Respondebimus id non magis licere supponere, quam circulum quadratum, ut concludatur omnes lineas a centro ad circumferentiam ductas non esse æquales. Atque hoc ex modo
dictis, ne, quæ jam dudum dicta sunt, repetamus, satis constat. Modo enim demonstravimus, nullam dari durationem,
cujus duplum, sive qua major & minor non possit concipi; ac
proinde a Deo, qui infinitâ virtute liberè agit, semper major
& minor datâ creari possit. At si Deus ex necessitate naturæ
ageret, nullo modo id sequeretur; nam tantum illa, quæ
ex ejus naturâ resultaret, ab ipso produci posset, non vero
infinitæ aliæ majores datâ. Quare sic breviter argumenta-
mur; Si Deus maximam durationem, quâ majorem ipse non
posset creare, crearet, necessariò suam potentiam diminueret.
Atqui falsum est posterius, nam ejus potentia ab ipsius essentia non differt. Ergo &c. Porro, si Deus ex necessitate naturæ
ageret, durationem, qua majorem ipse creare non potest, creare deberet: sed Deus talem durationem creans non est infinitæ
virtutis, nam semper datâ majorem concipere possumus. Ergo
si Deus ex necessitate naturæ ageret, non esset infinitæ virtutis.

Quod si cui hic scrupulus oriretur, undenam nempe,
cum mundus ante quinque millia annorum, & quod excedit, si vera est Chronologorum computatio, creatus fuerit, nos tamen possimus majorem concipere durationem,
quam asseruimus non sine creatis rebus intelligi posse. Illi

*Unde ha-
beamus
conceptum
majoris du-
rationis,
quam est
hujus mun-
di.*

R 2   facil-

facillimè iste eximetur, si advertat, nos illam durationem non ex solâ contemplatione creatarum rerum, sed ex contemplatione infinitæ Dei potentiæ ad creandum intelligere: Non enim creaturæ concipi possunt, ut per se existentes, sive durantes, sed tanquam per infinitam Dei potentiam, à quâ sola omnem suam durationem habent. Vid. propos. 12. part. 1. ejusque corollar.

Denique ne hic futilibus argumentis respondendo tempus consumamus, tantum hæc animadvertenda sunt: nempe distinctio inter æternitatem & durationem, & quod duratio sine rebus creatis, & æternitas sine Deo nullo modo sint intelligibiles: his enim probe perceptis facillimè ad omnia argumenta responderi poterit: unde his diutius immorari non necesse arbitramur.

CAP. XI.

De Concursu Dei.

CIrca hoc attributum parum aut nihil dicendum restat, postquam ostendimus Deum singulis momentis continuo rem quasi de novo creare; ex quo demonstravimus, res ex se nullam unquam habere potentiam ad aliquid operandum, nec se ad ullam actionem determinandas; hocque non tantum habere locum in rebus extra hominem; sed etiam in ipsâ humanâ voluntate. Deinde etiam ad quædam argumenta huc spectantia respondimus, & quamvis alia multa adferri solent, quia tamen præcipue ad Theologiam pertinent, iis hic supersedere animus est.

Attamen quia multi sunt, qui concursum Dei admittunt, statuuntque plane alio sensu, quàm quo nos eum tradidimus; observandum hic est, ut eorum fallaciam facillimè detegamus, id, quod antehac demonstravimus, nimirum quod tempus præsens nullam habeat connexionem cum tempore futuro, vide ax. 10. part. 1. hocque à nobis clarè distincteque

&teque percipiatur; atque ad hoc si modo probe attendatur, sine ullâ difficultate ad omnia illorum argumenta, quæ ex Philosophiâ peti possunt, responderi poterit.

Verum, ne quæstionem hanc frustra attigerimus; ad eam in transitu respondebimus, qua quæritur; *an Dei conserva-* *tioni aliquid accedat, cum rem determinat ad operandum,* atque ubi de motu locuti sumus, jam hujus responsionem utcunque attigimus. Diximus enim Deum eandem quantitatem motus in naturâ conservare. Quare si ad totam naturam materiæ attendamus, illi nihil novi accedit; At respectu rerum particularium aliquo modo potest dici illi aliquid novi accedere: Quod an etiam locum habeat in rebus spiritualibus, non videtur: nam illa ab invicem ita dependere non apparet. Denique cum partes durationis nullam habeant inter se connexionem, possumus dicere, Deum non adeo propriè res conservare, quam procreare; quare, si homo jam determinatam libertatem habeat ad aliquid agendum, dicendum est, Deum illo tempore cum ita creasse. Atque huic non obstat, quod humana voluntas sæpe a rebus extra se positis determinetur, & omnia vicissim, quæ in naturâ sunt, à se invicem ad aliquid operandum determinentur: nam etiam illa a Deo ita determinata sunt. Nulla enim res voluntatem determinare; nec vicissim voluntas determinari, nisi a solâ potentiâ Dei potest. Verum quomodo hoc cum humanâ libertate non pugnet, sive quomodo Deus id efficere possit servatâ humanâ libertate, fatemur nos ignorare, quà de re jam sæpius locuti sumus.

Hæc sunt, quæ circa attributa Dei dicere decreveram, quorum nullam huc usque tradidi divisionem. Illa autem, quæ passim traditur ab Authoribus; nempe qua dividunt attributa Dei in incommunicabilia, & communicabilia, ut verum fatear, magis videtur divisio nominis, quam rei. Nec enim scientia Dei cum scientia humana magis convenit, quam canis, signum cœleste, cum cane, qui est animal latrans, & fortè adhuc multo minus.

Quomodo De. Conservatio se habeat in rebus determinantis ad operandum.

Divisionem attributorum Dei vulgarem magis esse nominis, quam rei.

R 3

Nos

Autoris propriaDi-visio.

Nos verò hanc damus divisionem. Attributa Dei alia sunt, quæ actuosam ejus essentiam explicant, alia, quæ quidem nihil actionis, sed ejus modum existendi exponant. Hujus generis sunt, unitas, æternitas, necessitas &c. Illius verò intelligentia, voluntas, vita, omnipotentia &c. Hæc divisio satis clara & perspicua est, & omnia Dei attributa complectitur.

CAP. XII.

De Mente Humana.

Transeundum jam est ad substantiam creatam, quam in extensam & cogitantem divisimus. Per extensam materiam sive substantiam corpoream intelligebamus. Per cogitantem vero mentes humanas tantum.

Angelos non esse Metaphysicæ, sed Theologicæ considera-tionis.

Et quamvis Angeli etiam creati sint, quia tamen lumine naturali non cognoscuntur, ad Metaphysicam non spectant. Eorum enim essentia & existentia non nisi per revelationem notæ sunt, adeoque ad solam Theologiam pertinent, cujus cognitio cum sit prorsus alia, sive toto genere diversa à cognitione naturali, nullo modo cum illa miscenda est. Nullus igitur exspectet nos de angelis aliquid dicturos.

Mentem humanam non esse ex tra.luce,sed à Deo crea-ri: at, quando creatur,ne-sciri.

Redeamus ergo ad mentes humanas, de quibus jam pauca restant dicenda, sed tantum monendum, nos de tempore creationis mentis humanæ nihil dixisse, quia non satis constat, quo tempore Deus ipsam creat; cum sine corpore possit existere. Hoc satis constat, illam non esse ex traduce; nam id tantum locum habet in rebus, quæ generantur, nempe in modis alicujus substantiæ: substantia autem ipsa generari non potest; sed tantum à solo Omnipotente creari, ut satis in præcedentibus demonstravimus.

Quo sensu anima hu-mana sit mortalis.

De ejus vero immortalitate ut aliquid addam. Satis constat nos de nulla re creata posse dicere, quod ejus natura implicet, ut à potentia Dei destruatur: nam qui potestatem habuit

buit

buit rem creandi, etiam poteſtatem habet ipſam deſtruendi. Adde, quod jam ſatis demonſtravimus, nullam rem creatam ſua natura ne momento quidem poſſe exiſtere; ſed continuo à Deo procreari.

Verum, quamvis ita res ſit, tamen clarè & diſtinctè vide- *Quo verò* mus, nos nullam ideam habere, qua concipiamus ſubſtan- *ſenſu im-* tiam deſtrui, ſicut habemus ideas corruptionis & generatio- *mortalis.* nis modorum: clarè enim concipimus, ubi ad corporis huma- ni fabricam attendimus, talem fabricam poſſe deſtrui; & non æque, ubi ad ſubſtantiam corpoream attendimus, concipimus ipſam annihilari poſſe.   Denique Philoſophus non quærit id, quod ſumma potentia Deus poteſt facere, ſed de rerum na- tura ex legibus, quas Deus ipſis indidit, judicat; quare id judicat fixum ac ratum eſſe, quod ex illis legibus fixum eſſe ac ratum concluditur; quamvis non neget, Deum illas leges & cætera omnia mutare poſſe; Quapropter nos etiam non inquirimus, ubi de anima loquimur, quid Deus facere poſ- ſit, ſed tantum quid ex naturæ legibus ſequatur.

Cum autem ex ipſis clarè ſequatur ſubſtantiam, nec per ſe, *Illius im-* nec per aliam ſubſtantiam creatam deſtrui poſſe, ut jam ante- *mortalitas* hac, ni fallor, abunde demonſtravimus, mentem eſſe im- *demonſtra-* mortalem ſtatuere cogimur ex legibus naturæ. Et ſi rem ad- *tur.* huc penitius introſpicere volumus, evidentiſſimè demonſtra- re poterimus, illam eſſe immortalem. Nam, ut modo demon- ſtravimus, animam immortalem eſſe, ex legibus naturæ clarè ſequitur. Leges autem illæ naturę ſunt decreta Dei lumine na- turali revelata, ut etiam ex antecedentibus evidentiſſimè con- ſtat. Decreta deinde Dei immutabilia eſſe, jam etiam demon- ſtravimus. Ex quibus omnibus clarè concludimus, Deum ſuam immutabilem voluntatem circa durationem animarum ho- minibus non tantum revelatione, ſed etiam lumine naturali patefeciſſe.

Nec obſtat, ſi aliquis objiciat, Deum leges illas naturales ali- *Deum non* quando deſtruere ad efficienda miracula; nam plerique ex *contra, ſed* *ſuprà na-* pru-

turam age-
re, & quid
hoc sit je-
eun.lum
naturem.

prudentioribus Theologis concedunt, Deum nihil contra naturam agere, sed supra naturam; hoc est, ut ego explico, Deum multas etiam leges operandi habere, quas humano intellectui non communicavit, quæ si humano intellectui communicatæ essent, æque naturales essent, quam cæteræ.

Unde liquidissimè constat mentes esse immortales, nec video, quid de anima humana in genere hoc in loco dicendum restet. Nec etiam de ipsius functionibus speciatim aliquid restaret dicendum; nisi argumenta quorundam Authorum, quibus efficere conantur, ut id, quod vident & sentiunt, non videant neque sentiant, me invitarent ad ipsis respondendum.

Cur aliqui
putent, vo-
luntatem
non esse li-
beram.

Putant aliqui se posse ostendere, voluntatem non esse liberam; sed semper ab alio determinari. Atque hoc inde putant, quia per voluntatem intelligunt quid ab anima distinctum, quod ut substantiam considerant, cujus natura in eo solo consistat, quod sit indifferens. Nos autem, ut omnem amoveamus confusionem, rem prius explicabimus, quo facto facillime eorum fallacias argumentorum detegemus.

Quid sit
voluntas.

Mentem humanam diximus esse rem cogitantem; unde sequitur illam ex sola sua natura, in se sola spectata, aliquid agere posse, videlicet cogitare, hoc est, affirmare & negare. Hæ vero cogitationes, vel determinantur à rebus extra mentem positis, vel à sola mente; quandoquidem & ipsa est substantia, ex cujus essentia cogitante multæ actiones cogitativæ sequi possunt, & debent. Actiones autem illæ cogitativæ, quæ nullam aliam sui causam agnoscunt, quam mentem humanam, *volitiones* vocantur; Mens vero humana, quatenus concipitur, ut causa sufficiens ad tales actiones producendas, *voluntas* vocatur.

Dari vo-
luntatem.

Quod autem anima talem potentiam habeat, quamvis à nullis rebus externis determinetur, commodissimè explicari potest exemplo asinæ Buridani. Si enim hominem loco asinæ ponamus in tali æquilibrio positum, homo, non pro re cogitante, sed pro turpissimo asino erit habendus, si fame & siti pereat.

pereat. Deinde etiam idem liquet ex eo, quod, ut antehac diximus, etiam de rebus omnibus dubitare, & non tantum ipfa, quæ in dubium revocari poffunt, ut dubia judicare, fed tanquam falfa explodere voluimus. Vid. Cartef. Princip. part. 1. Art. 39.

Porro notandum, quamvis anima à rebus externis determinetur ad aliquid affirmandum aut negandum, non tamen ipfam ita determinari, ac fi à rebus externis cogeretur, fed ipfam femper liberam manere. Nam nulla res habet poteftatem ipfius effentiam deftruendi, quare id quod affirmat & negat, femper liberè affirmat & negat, ut fatis in quarta Meditatione explicatum eft. Unde fi quis quærat, cur anima hoc aut illud vult, hoc aut illud non vult, ipfi refpondebimus, quia anima eft res cogitans, hoc eft, res, quæ ex fua natura poteftatem habet volendi & nolendi, affirmandi & negandi; hoc enim eft effe rem cogitantem. *Eamque effe liberam.*

Hifce fic explicatis, argumenta adverfariorum videamus; 1. Argumentum tale eft. *Si voluntas pofsit velle contra ultimum intellectus dictamen, fi pofsit appetere contrarium bono, ab ultimo intellectus dictamine præfcripto, poterit appetere malum, fub ratione mali: At abfurdum eft pofterius. Ergo & prius.* Ex hoc argumento clarè videre eft, ipfos non intelligere, quid fit voluntas; confundunt enim ipfam cum appetitu, quem habet anima, poftquam aliquid affirmavit aut negavit, quod didicerunt à fuo Magiftro, qui voluntatem definivit, appetitum fub ratione boni. Nos vero voluntatem dicimus effe τὸ affirmare hoc bonum effe & contra, ut jam antehac abunde explicuimus circa caufam erroris, quem demonftravimus ex eo oriri, quod voluntas latius pateat, quam intellectus. Si autem mens non affirmaffet id bonum effe, ex eo quod libera eft, nihil appeteret. Quare ad argumentum refpondemus concedendo, mentem nihil poffe velle contra ultimum intellectus dictamen, hoc eft, nihil poffe velle, quatenus fupponitur nolle, ut hic fupponitur, ubi dicitur ipfam aliquam rem judicaffe malam, *Nec confundendam cum appetitu.*

S   lam,

lam, hoc est, aliquid noluisse; negamus tamen illam absolute id, quod malum est, non potuisse velle, hoc est, bonum judicare: id enim esset contra ipsam experientiam : multa enim quæ mala sunt, bona, & contrà quæ bona sunt, mala esse judicamus.

Nec aliquid
est, præter
istam men-
tem.

2. Argumentum est vel si mavis 1^{mum} quia huc usque nullum fuit. *Si voluntas, ad volendum non determinetur ab ultimo intellectus practici judicio; ergo seipsam determinabit. At voluntas seipsam non determinat, quia ex se & natura sua est indeterminata. Hinc sic argumentari pergunt. Si voluntas ex se, & sua natura est indifferens ad volendum & non volendum, non potest à se ipsa determinari ad volendum : quod enim determinat, tam debet esse determinatum quam est indeterminatum, quod determinatur. At voluntas considerata, ut determinans seipsam, tam est indeterminata, quam est considerata eadem ut determinanda: nihil enim ponunt adversarii in voluntate determinante, quod non idem sit in voluntate aut determinanda, aut determinata, neq; vero aliquid hic poni potest. Ergo voluntas non potest à se ipsa ad volendum determinari. Si non à se ipsa: Ergo aliunde.* Hæc sunt ipsissima verba Heereboordii Professoris Leidensis, quibus satis ostendit se per voluntatem, non mentem ipsam intelligere ; sed aliquid aliud extra mentem, aut in mente, veluti tabulam rasam omni cogitatione carentem, & capacem cuivis picturæ recipiendæ, vel potius tanquam pondus in æquilibrio, quod à quolibet pondere in utramvis partem pellitur, prout pondus adventitium determinatum est ; vel denique aliquid, quod nec ipse, nec ullus mortalium ulla cogitatione assequi potest. Nos modo diximus, imò clarè ostendimus, voluntatem nihil esse præter mentem ipsam, quam rem cogitantem vocamus, hoc est, affirmantem & negantem ; unde clarè colligimus, ubi ad solam naturam mentis attendimus, eam æqualem potestatem habere affirmandi & negandi; id enim, inquam, est cogitare. Si nos itaque ex eo, quod mens cogitat, concludimus, ipsam potestatem habere affirmandi & negandi ; cur igitur causas quærimus adventitias

effi-

efficiendi id, quod ex sola natura rei sequitur. At dices, ipsa mens non magis est determinata ad affirmandum, quam ad negandum; ideoque concludes, nos necessariò causam quaerere debere, qua ipsa determinetur. Sed ego contra argumentor, si mens ex se & sua natura tantum esset determinata ad affirmandum (quamvis impossibile sit hoc concipere, quamdiu ipsam rem cogitantem esse cogitamus), tum illa ex sola sua natura tantum affirmare, nunquam vero, quamvis concurrant quotvis causæ, negare posset: Si vero neque ad affirmandum, neque ad negandum determinata sit, neutrum facere poterit: si denique ad utrumque habet potestatem, quod habere modo ostendimus, utrumque efficere poterit ex sola sua natura, nulla adjuvante alia causa, quod clarè constabit iis omnibus, qui rem cogitantem, ut rem cogitantem, considerant; hoc est, qui attributum cogitationis à re ipsa cogitante, à qua non nisi ratione distinguitur, nullo modo separant, quemadmodum adversarii faciunt, qui rem cogitantem ab omni cogitatione denudant, ipsamque ut materiam illam primam Peripateticorum fingunt. Quare ad argumentum sic respondeo, & quidem ad majorem. Si per voluntatem intelligit rem omni cogitatione spoliatam, concedimus voluntatem ex sua natura esse indeterminatam: At negamus, voluntatem esse quid omni cogitatione spoliatum, & contra statuimus esse cogitationem, hoc est, potentiam ad utrumque, nempe ad affirmandum & ad negandum, qua certè, nihil aliud intelligi potest, quam causa sufficiens ad utrumque. Deinde etiam negamus, quod, si voluntas indeterminata esset, hoc est, omni cogitatione spoliata, alia aliqua causa adventitia, quam Deus infinita sua potentia creandi, ipsam determinare posset: Rem enim cogitantem sine ulla cogitatione concipere, idem est, ac rem extensam sine extensione concipere velle.

Denique ne opus sit, hic plura argumenta recensere, moneo tantum, Adversarios, quia voluntatem non intellexerunt,

Cur Philosophi mentem cum rebus corporeis confuderunt.

S 2　　　　nec

nec ullum clarum & diftinctum mentis conceptum habuerunt, mentem cum rebus corporeis confudiffe: quod inde ortum duxit, quia verba, quæ ad res corporeas ufurpare folent, ad res fpirituales, quas non intelligebant, fignificandas ufurparunt; affueti enim fuerunt, corpora illa, quæ à caufis externis æquipollentibus, & planè contrariis, verfus contrarias partes propelluntur, quapropter in æquilibrio funt, indeterminata vocare. Cum igitur voluntatem indeterminatam ftatuunt, ipfam etiam, ut corpus in æquilibrio pofitum, videntur concipere; & quia illa corpora nihil habent, nifi quod à caufis externis acceperunt, (ex quo fequitur illa femper à caufa externa determinari debere) idem in voluntate fequi putant. Sed quomodo res fe habeat, jam fatis explicuimus, quare hic finem facimus.

De fubftantia vero extenfa jam antehac fatis etiam locuti fumus, & præter has duas nullas alias agnofcimus. Quod ad accidentia realia attinet, & alias qualitates, fatis illa explofa funt, nec opus eft, iis refellendis, tempus impendere, quare hic manum de tabula tollimus.

FINIS.

www.ingramcontent.com/pod-product-compliance
Lightning Source LLC
Chambersburg PA
CBHW060804110426

42739CB00032BA/2702